JN410288

옷이 열리는 나무

신미카엘라 산문집

옷이 열리는 나무

신마카엘라 산문집

1판 1쇄 인쇄/ 2018년 7월 20일
1판 1쇄 발행/ 2018년 7월 25일

지은이 / 신마카엘라
펴낸이 / 우 희 정
펴낸곳 / 도서출판 소소리

등록 / 제300-2007-21호
주소 / 03073 서울 종로구 성균관로 5길 39-16
전화 / 765-5663, 010-4265-5663
e-mail: sosori39@hanmail.net
www.sosori.net

값 12,000 원

*잘못된 책은 바꿔드립니다.

ISBN 979-11-5891-108-9 03810

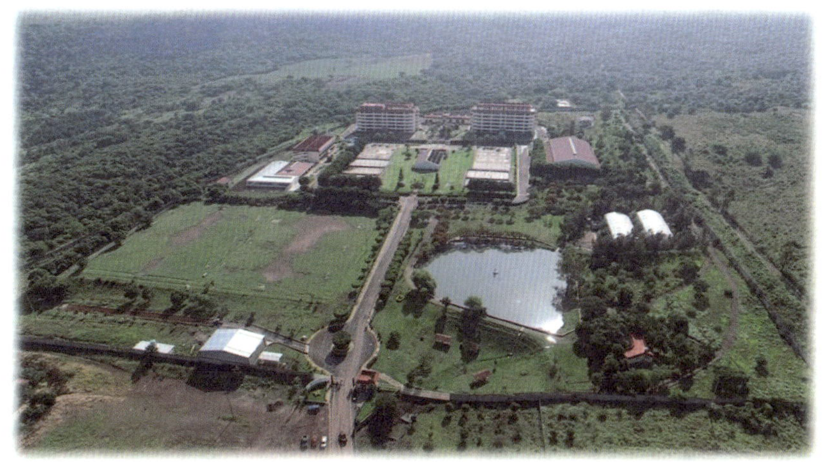

멕시코 할리스코주 과달라하라 소년의 집

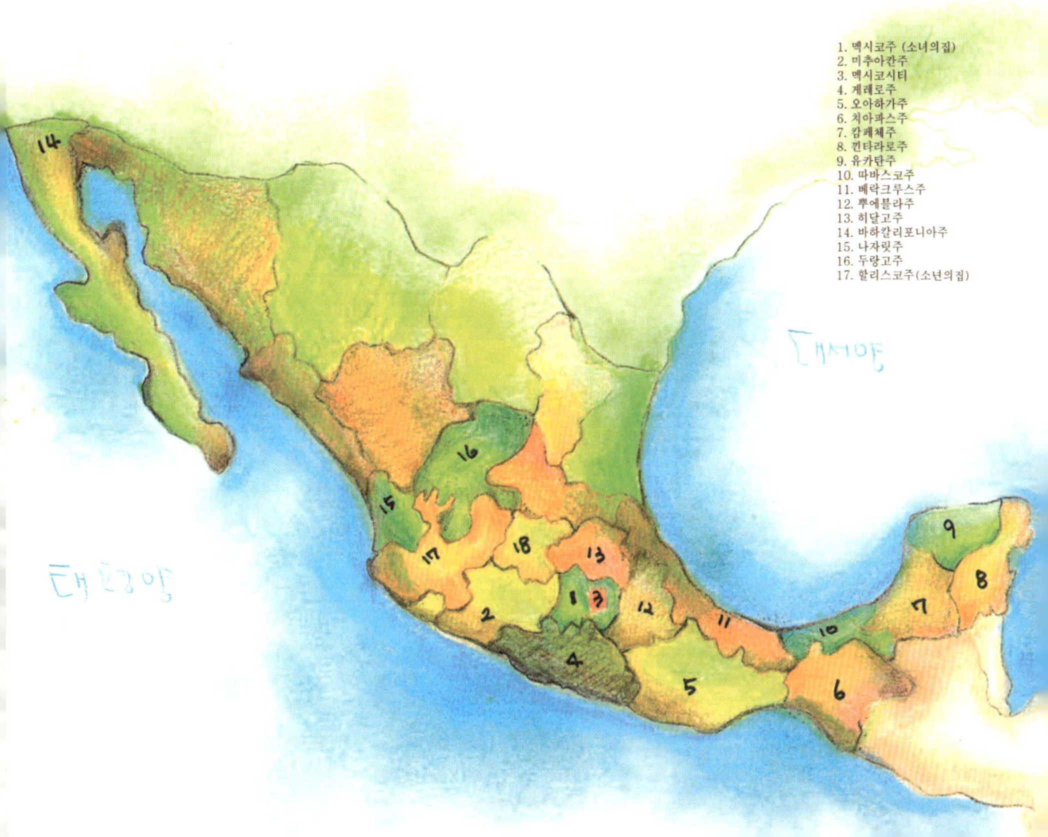
1. 멕시코주 (소녀의집)
2. 미추아칸주
3. 멕시코시티
4. 게레로주
5. 오아하가주
6. 치아파스주
7. 캄페체주
8. 낀타라로주
9. 유카탄주
10. 따바스코주
11. 베락크루스주
12. 뿌에블라주
13. 히달고주
14. 바하칼리포니아주
15. 나자릿주
16. 두랑고주
17. 할리스코주(소년의집)
대서양
태평양
14
16
15
17
18
13
1
3
12
11
10
9
8
7
2
4
5
6

멕시코 선교 이야기

오래전부터 선교의 삶에 대한 이야기를 글로 쓰고 싶었습니다. 늘 마음속에 풀지 않은 짐처럼, 숙제처럼 쌓아놓고 있었지요. 선교사로 살면서도 간간이 기록해 놓았던 것들, 아이들 이야기, 그곳 삶의 기억들을 노트에 적었는데, 그것도 집착이라는 생각에 옮겨 다니면서 다 태워버리고 말았습니다. 그래도 다행히 내면에 체득된 지난 것들이 아주 또렷하게 생각났습니다. 경험했던 것들 하나씩 기억의 책장을 넘겨가며 독자와 함께 추억해 보려고 합니다.

올해로 마리아수녀회가 멕시코 선교로 진출한 지 28년이 되는 해입니다. 멕시코에는 32개 주가 있습니다. 해마다 아이들을 모집하는 기간이 되면 1주일이나 5일씩 혹은 3일씩 여러 곳을 돌아다니며 많은 경험을 합니다. 28년 동안 멕시코에서 벌어진 질풍노도에 있는 수천 명 청소년들과 함께했던 이야기, 여기 세상에 한 번도 알려지지 않은 그들의 이야기가 있습니다. 선교생활을 하다 한국에 돌아오면 그곳 이야기는 애써 삼킵니다. 경험해 보지 않은 이야기의 공감대 형성이 쉽지 않다는 것을 알기 때문이었지요.

꾹꾹 삼켜두었던 경험을 책으로 묶습니다. 이제 다양하게 살아가는 하느님 자녀들의 이야기를 해야겠습니다. 그들과 함께했던 눈부셨던 그날들을!

2018년 여름

저자 신 미카엘라

마리아수녀회 창립자 소 알로이시오 신부님은 57년 전인 1961년, 부산에 정착해 전쟁고아와 행려병자들을 돌보기 시작했다. '울지마 톤즈'로 알려진 이태석 신부의 롤 모델이기도 한 소 신부님은 1992년에 임종했지만, 그의 정신적 딸들은 한국, 필리핀, 브라질, 멕시코, 과테말라, 온두라스의 6개국, 13개 지역에서 버려진 아이들, 가난해서 교육받을 기회가 없는 아이들을 키워내고 있다.

『옷이 열리는 나무』의 저자 미카엘라 수녀님을 비롯한 마리아수녀회와 처음 인연을 맺은 7년 전의 기억이 새롭다. 2011년 여름 수녀회의 미래를 그리는 3일간의 워크숍에서 1백여 명의 수녀님들은 '행복을 경험해보지 못한 아이들은 행복을 추구할 수도 없으므로' 최상의 양육 환경을 제공해야한다는 명제를 끌어냈고 이를 실천하면서 '날마다 기적'을 만들어내고 있다.

천방지축 아이들과 매일 씨름하면서 마침내 '걸음새까지 거만해질 정도'로 자부심 가득한 인재로 키워내는 수녀님들을 볼 때, 우리가 미래를 위해 진정 해야 하는 일이 무엇인지 다시 생각해보게 된다. 아이들을 키우는 사랑과 뜻밖의 지혜가 듬뿍 담긴 책이다. 멕시코라는 낯선 나라의 풍습과 문화 이야기는 책 읽는 재미를 더해주는 덤이라고 하겠다.

- **신 좌 섭** (서울대학교 의과대학 교수)

신미카엘라 수녀님의 겉모습만 보고 1년 내내 회색 수도복을 입고 규칙적인 수도생활을 하시기에 일반인보다 내면의 세계도 단조로울 거라 생각한다면 큰 착각입니다.

수녀님의 산문 「옷이 열리는 나무」는 멕시코에서 선교 활동을 위해 라틴 아메리카 아이들과 살면서 직접 보고 겪은 가난, 고통, 놀람, 기쁨, 희망이 사진처럼 선명하게 그려져 있고, 이색적인 풍습, 하느님을 향한 순수한 열정, 동료수도자들과의 우정, 시련 속에 흔들리지 않는 믿음 등 드넓고 다채로운 삶의 여정이 영화처럼 펼쳐집니다.

선교 활동 속에서 몸, 마음, 영혼이 영글어가는 순례의 과정이 담긴 글이라 한 번 들면 놓을 수 없고 한 번 보면 잊히지 않는 깊은 울림이 남습니다.

- 최 성 애 (HD행복연구소 소장 · 심리치료사)

1. Contigo 너와 함께

2. 삶을 축제처럼

3. 내게 열린 또 하나의 세상

4. 라틴 아메리카 소년들

1.

Contigo 너와 함께

멕시코 과달라하라 소년의 집

마리아수녀회 창설자 알로이시오 신부님께서 당신의 마지막 생을 바쳐 준비하신 멕시코 소년의 집과 소녀의 집은 그의 미완성 교향곡이다. 멕시코의 인구는 약 1억 2,863만 2천 명으로 인구수가 세계 10위이며 북쪽으로는 미국, 서쪽으로는 태평양, 남쪽으로는 과테말라와 벨리즈, 동쪽으로 카리브 해와 접한다. 스페인어를 사용하는 멕시코는 국민의 88%가 유럽인과 원주민 사이의 혼혈이며 10%가 토착인 또는 원주민이다. 국교는 가톨릭이며 국민성은 쾌활하고 낙천적이며 축제와 느긋한 삶을 즐기는 민족이다.

한국에서 사회복지 사업을 운영하고 있는 마리아수녀회는, 1990년부터 라틴아메리카의 관문이라고 하는 멕시코에 진출하여 멕시코의 가난한 청소년들을 위한 소년, 소녀의 집을 세워 5년간의 중・고등 기숙학교를 무료로 운영하고 있다. 현재(2018년) 멕시코 주 찰코 소녀의 집에는 삼천 명의 여학생들이 기숙하고 있으며, 할리스코주 과달라하라 소년의 집에는 이천 명의 청소년들이 국적이 서로 다른 미션네라(선교사 수녀)들과 살고 있다. 소년의 집에 들어올 수 있는 조건은 가난한 아이 중에서도 가장 어려운 아이, 공부하고 싶은 의욕을 가진 아이, 가족과 멀리 떨어져 살아가는 것에 동의를 하는 아이 등이다. 소년의 집 아이들은 대부분 멕시코 32개 주에서 온 아이들로 학교에 입학하는 시기는 8월 초이며 연령은 12, 13세이다. 중·고등학교 과정을 마치고 졸업하게 되면 대학에 진학할 것인지 취업할 것인지 각자 선택을 한다. 대부분의 아이가 취업을 하고 성적이 우수한 아이들은 장학금을 받고 대학으로 바로 진학한다.

인디언지역에서 온 순수 인디언 아이, 대도시의 빈민촌의 아이들까지 서로 다른 피부색깔에 서로 다른 토속 언어를 사용하고 있다. 가난한 지역에서 온 아이들은 생활교육의 부재와 제대로 먹지 못해 생긴 영양실조와 여러 가지 피부병들을 가지고 온다. 아이들은 5년간의 기숙학교 과정을 통해 심리적, 영신적, 정신적, 육체적으로 성장을 하면서 서로 간의 형제적 사랑과 우정을 다진다. 아이들은 학과 공부 외에도 여러 가지 특성교육과 맞춤교육도 받고 취미활동을 하면서 자신의 재능을 키운다. 축구, 농구, 태권도, 배구, 수영, 합주, 합창, 무용, 연극, 학과공부 이외에 본인이 원하는 활동을 선택하여 배우고 자신의 미래를 준비한다. 과달라하라에 있는 소년의 집에는 한 해에 약 500여 명의 신입생이 입학을 하는데 38명 정도가 한 반을 이루며 산다. 저학년의 경우 고등학교 5학년 형들이 큰형(Helping Brother) 역할을 하면서 아이들을 도와준다. 한 층에 다섯 반이 살고 있으며 대부분 한 층에 한두 명의 책임 수녀가 있다. "추수할 것은 많지만 일할 일꾼이 적다." 라는 예수님의 말씀처럼 많은 소년들을 한두 명의 수녀님이 감당해야 한다. 수녀님들의 첫 번째 역할은 엄마이며, 또한 교리를 가르치고 전반적인 생활을 지도하는 선생님으로서 삶의 동반자이다.

수업은 70여 명의 교사가 학년별 과목별로 아침 8시에서 오후 4시 30분까지 진행한다. 수업이 끝나면 수녀님들과 함께 매일 마라톤을 하고 일도 하고 운동도 한다. 소년의 집을 떠받치고 있는 네 개의 기둥이 있는데 기도와 공부, 운동 그리고 일이다. 이 네 가지는 소년의 집 학생들이 지켜야 할 의무이고 규칙이다. 소년의 집에 입학하는 날 아이들은 부모님과 함께 학교규칙과 의무에 따르겠다고 동의를 한다. 그 밖에도 몇 가지 아주 중요한 규칙들이 있다. 예를 들면 금전사용 금지, 허락 없는 외출금지, 담배, 술 금지 등 몇 가지 청소년들이 쉽게 빠질 수 있는 것들을 금기 사항으로 정해 놓고 부모님이 여기에 동의를 하면 기숙학교에 들어오게 된다. 그리고 일 년에 두 번 여름방학과 겨울방학 약 15일씩 집으로 돌아가 그동안 학교에서 배운 것을 온몸으로 보여주는 작은 미셔네로(선교사)가 된다.

'오늘은 아이들에게 생의 가장 젊은 날'이다. 소년의 집에서 아이에게 주어진 시간은 정해져 있고 그 시간을 이용하여 아이는 평생을 먹고 살아야 할, 물고기를 낚는 법을 배운다. 아이들은 처음 입학해서 한 달 정도는 심한 몸살을 앓는다. 시골에서 올라온 소년들이 적응하는 기간 동안 온갖 해프닝이 벌어진다. 한 번도 고향을 떠나본 적이 없는 소년들은 집에 두고 온 강아지가 그립고 여자 친구가 그립고 부모님이 그리워 울면서 한 달을 지낸다. 그러나 울고 또 울어도 흐르는 시간에 장사는 없다. 아이들은 조금씩 적응을 하고 소년의 집에서 새로운 삶을 배운다. 가장 기본적인 것부터 화장실 사용하는 법, 수저, 포크 사용하는 법, 목욕하는 법, 식사예절, 기도하는 방법, 친구들 사귀는 방법 등 인간 삶의 전반적인 과정을 배운다.

그렇게 5개월 정도 익히고 나면 12월 성탄 방학이 온다. 방학이 되면 부모님들이 마을 별로 버스를 대절해서 아이들을 데리러 온다. 5개월 만에 변화된 아이들의 모습을 보면서 그제야 부모님들은 학교를 운영하는 선교사들을 신뢰하고 안도하며 개학 때 다시 아이들을 데리고 온다. 교육을 통해 성장하고 변화된 아이들의 모습이 교육에 의한 결과를 대신 말해주기 때문이다. 이렇게 5년의 시간을 잘 버틴 아이들은 그 마을에서, 그 가계에서 최초로 고등학교를 졸업하는 아이가 되며 마을 아이들의 롤 모델이 된다. 고등학교를 졸업하고 사회에 나가 일을 하면서 가족들을 부양하는 모습에 동생이나 동네 아이들은 '나도 저 형처럼 되는 것'이 소망이 되는 것이다. 수녀님들과 아이들의 만남은 아이의 성장과 발전을 위한 세상에서 가장 큰 청소년들을 위한 프로젝트가 된다.

21세기 엄청난 변화의 물결 속에서도 아직 순수함을 간직하고 있는 아이들, 순수함은 '영원한 젊음'이라고 했다. 그런 의미로 멕시코 소년들은 영원한 젊음을 살고 있는지도 모른다. 28년을 멕시코에서 봉사해온 마리아수녀회는 그동안 수만 명의 졸업생을 배출했고 멕시코 사회에서 변호사, 의사, 회계사, 사업가, 간호사 등 엘리트 사회인으로 살아가고 있다. 무수한 졸업생이 창설자 알로이시오 신부님의 염원을 이루며 살고 있다.

희망을 심다

과달라하라 소년의 집이 있는 아카틀란은 작은 시골 마을이다. 과달라하라 시내에서 40㎞ 떨어진 산속에 있는 건물을 보고 사람들은 가끔 호텔인 줄 알고 한밤에 찾아오기도 한다. 소년의 집 전체 면적이 124헥타르인데 걸어서 한 바퀴 돌려면 한 시간 반 이상 소요된다. 마리아수녀회가 선교를 위해 진출하는 나라는 주 정부와 가톨릭 교구의 교구장님 초청으로 이루어진다. 멕시코 사업도 1990년 멕시코주 네사교구장이었던 호세 마리아주교님 초청으로 시작되었으며 과달라하라 또한 교구장이었던 후안 산도발 추기경님의 초청으로 시작되었다. 마리아수녀회의 모든 분원이 그러하듯 과달라하라 소년의 집이 들어선 땅 또한 주 정부로부터 100년 동안 무상으로 사용할 수 있도록 기증받았다.

학교가 세워지고 우리가 받은 땅에 나무를 심기 시작했다. 정부 지원도 받고 후원자들의 지원을 받아 대대적인 나무 심기 작업을 시작하였다. 5회 졸업생을 배출할 때까지 아이들은 토요일과 일요일이 되면 어김없이 산으로 가서 나무를 심고 물을 주고 잡초를 제거하는 일을 했다.

1998년 찰코에 있던 소년의 집이 과달라하라로 이사를 하던 무렵 멕시코 청소년들은 매우 순수했고 대부분 시골에서 올라온 아이들이었다. 멕시코의 시골아이들은 4~5살이 되면 아버지를 따라 밭에 가서 일을 배운다. 소년의 집에 들어오는 12살, 13살 정도가 되면 제법 어른들을 흉내내며 어른 한 몫의 일을 할 줄 아는 아이로 성장해 있다. 일을 할 때 꾀를 부리거나 게으름을 피우는 모습은 찾을 수도 없고, 일 자체를 즐기는 모습을 보면 이 아이들이 정말 사춘기 청소년들이 맞나 싶을 만큼 순수하고 맑다. 잡초를 제거하는 법이나 나무를 심는 것은 아이들에게 공부보다 아주 쉬운 일이다. 토요일과 일요일이면 담당 수녀님은 자신이 맡고 있는 아이들을 데리고 구역별로 나누어진 장소에 가서 일을 한다. 일하러 가기 전에 기본적으로 챙기는 것이 '마체떼'라고 하는 우리나라의 낫과 비슷한 연장이고, 빠지지 않고 챙겨가는 것이 우유와 마늘이다. 멕시코의 거친 사막인 북쪽에서 열대 우림인 남쪽에 이르기까지 시골과 산에 전갈이 많아서 아이들이 일을 하다가 전갈에 물리는 일이 종종 발생한다. 전갈에 물리면 멕시코 사람들은 민간요법으로 생마늘을 까서 우유와 함께 먹는다. 그렇게 하면 독이 퍼지는 것을 막을 수 있다고 한다. 토, 일이 되면 나는 말을 타고 아이들이 일하는 산으로 가서 아이들을 살핀다. 아이들에게 간식을 나누어 주기도 하고 전갈에 물리게 되면 바로 말에 태워 의무실로 데려와 약을 먹이고 주사를 맞게 한다.

멕시코로 파견된 선교사라면 누구나 한두 번쯤은 모름지기 전갈에 물린 경험이 있을 것이다. 어느 날 밤에 잠을 자다가 심한 통증을 느껴 잠을 깼다. 기분이 나쁘고 새끼손가락에서 엄청난 통증이 느껴졌다. 작고 투명한 새끼 전갈이었다. 이놈이 어떻게 내 침대까지 들어와 내 손가락을 물고 이 깊은 밤에 나와 싸움을 하잖다. 아침이 되려면 아직도 몇 시간을 더 기다려야 하는데 팔에 마비 증세가 오기 시작했다. 모두 자고 있는 시간에 의무실 담당 수녀님을 깨울 수가 없어 수녀원 주방으로 가서 아이들이 하는 대로 생마늘을 씹어서 우유와 함께 먹었다.

생마늘을 씹어 먹고 우유를 마시는 것이 어떤 느낌인지 아이들의 기분을 알 수 있었다. 손에 마비 증상이 풀리기까지 거의 한 달이 걸렸다. 분명히 손에서 엄청난 무엇이 느껴지는데 보이지도 않고 잡히지도 않았다. 내가 물린 전갈은 갓 태어난 처녀전갈이라고 했다. 오래된 전갈보다 훨씬 독성이 강해서 처녀전갈에게 물리면 더 고통스럽다고 한다. 내가 겪어 봐야 비로소 남의 고통에도 공감을 할 수 있다. 한 달 이상 고통스러웠지만 그동안 우리 아이들이 당한 고통을 조금이라도 나눌 수 있는 귀한 시간이어서 다행이었다.

아이들과 함께 심어놓은 나무들이 잘 자라고 있다. 온 산을 덮고 푸르디푸르게 아이들처럼 자라고 있다. 이 나무들은 아이들의 희망이다. 아이들이 멕시코의 희망이듯. 가끔씩 산을 돌다가 만나는 사슴, 고라니, 코요테와 스컹크…. 때론 깜짝 놀라기도 하지만 자연 속에 묻혀서 자연과 하나가 되어 살아가는 사람들이 누리는 선물이다. 욕심내지 않고 있는 자리에서 피어나는 나무처럼, 아이들은 그렇게 자신의 자리에서 희망을 심고 꽃을 피우고 있다.

우리가 열악한 환경에 처한 모든 아이들을 다 거두고 모든 아이들을 다 돌볼 수 있다면 얼마나 좋을까. 그것은 인간의 오만이며 욕심이겠지. 세상사람 모두를 아우를 수 없고 모두를 다 도와줄 수도 없다. 세상의 모든 산에 나무를 심을 수도 없다. 우리에게 주어진 것, 우리에게 허락된 하루하루 지금 여기 순간순간을 봉헌하며 사는 것, 그것으로 우리는 희망의 별 하나가 된다. 별처럼 살다가 어느 날 또 별처럼 질 것이다. 나무와 아이들이 자라는 이 땅에서 아이들 스스로 행복을 느끼고 희망의 삶을 살 수 있는 긍정적인 마음을 키워가길, 희망의 땅에 하느님 축복이 함께하길 기도한다.

별 명

멕시칸들이 가지고 있는 여러 가지 문화 중의 하나가 별명 문화다. 남녀노소 가릴 것 없이 이름 대신 별명으로 통하는 그들의 삶은 어쩌면 가장 인간적인 면을 그대로 보여 주고 있는지도 모른다.

물론 고학력을 가지고 고위층에서 일하는 사람들의 별명을 부르는 것은 자제되지만 대부분의 사람들은 별명으로 불리고 살아간다. 아이들의 별명은 거의 첫 만남에서 결정된다. 그들이 지닌 특징과 행동이 아이들의 별명을 결정한다. 이천 명의 소년들이 한곳에 어울려 살면서 이름 두세 개에(멕시칸들은 이름을 두세 개다) 별명까지 참 많은 이름으로 불리고 있다. 아이가 매우 반듯하고 놀릴만한 특징이 없으면 대부분 산토(Santo: 성인)라는 별명을 붙인다.

찰코 소년의 집에서 첫 선교생활을 시작할 무렵 가장 적응되지 않았던 것 중에서 하나가 어른들과 아이들의 관계였다. 유교적인 문화에서 어른들은 아이들과 분명한 경계가 있고, '어른들의 그림자를 밟지도 않는다'라는 교육을 받은 나에게 나이 차이가 얼마가 되든 마치 친구처럼 대하는 모습이 낯설었다. 특히 초기에 남학생들이 선생님의 엉덩이를 차며 함께 웃고 떠들던 모습은 매우 당황스럽고 충격적이었다.

가끔씩 아이를 불러 확인할 일이 있어 같은 반 누구누구를 불러 달라고 부탁을 하면 그 아이 이름과 저희들끼리 부르는 별명이 일치 되지 않아 누군지 잘 모르겠다고 할 정도로 아이들 사이에는 별명이 일반화가 되어있다. 예쁜 별명도 있지만 대부분 동물 이름으로 짓거나 특징을 교묘하게 살린 만화 주인공 같은 별명을 짓기도 한다. 브로(당나귀), 토르투가(거북이), 티그레(호랑이), 레온(사자), 꼬네호(토끼) 코끼리, 타조…. 아이들의 습관을 바꾸어 보려고 여러 번 이야기하고 주의도 주었지만 그때뿐 도무지 변화가 없다. 어느 날 교리시간에 "수녀님은 가끔씩 착각을 해. 우리 집에 동물들이 너무 많아서 내가 동물농장을 운영하고 있는 것 같애."라고 했더니 아이들이 배를 쥐고 웃는다.

별명 때문에 마음에 상처를 받고 멍이 드는 아이들의 문제는 별명을 부르면 반응을 한다는 것이다. 별명이 싫고, 네가 당나귀가 아니면 대꾸하지 말고 반응하지 말라고 아무리 이야기를 해도 누군가 별명을 부르면 바로 반응을 하니 고쳐지지 않는 하나의 습관으로 굳어 버린다. 아이들끼리 부르는 별명은 그래도 좀 애교로 봐줄 수 있다. 아이들이 어른들을 부를 때도 빠이사노(민간인), 당나귀, 토끼, 계란 등의 별명을 불러도 아무렇지도 않게 받아 주는 어른들을 보면서 문화의 다름을 온몸으로 느꼈다.

우리 아이들의 '별명 붙이기'는 어떤 경계도 없다. 국적, 연령, 그 사람의 위치 등등. 그러다 보니 자연스럽게 수녀님들도 한 개 혹은 여러 개의 별명을 가지고 있다. 물론 아이들이 수녀님들 앞에서 직접 대놓고 부르지는 못하지만 수녀님들은 아이들이 자신에게 어떤 별명을 붙였는지 다 알고 있다, 아이들에 의해 불려지는 자신의 별명이 무엇이라는 것을. 멕시칸 막달레나 수녀님은 착하고 눈이 크고 참신하다. 그녀의 귀가 다른 사람에 비해 조금 크다고 해서 아이들이 붙여준 별명은 아기 코끼리 덤보. 에두비헤스 수녀님은 아이들이 잘못하는 것을 기막히게 잘 찾아내고 목격을 잘해서 붙은 '경찰', '군인', '권총' 무려 세 개의 별명을 갖고 있다. 브라질 에리카 수녀님은 흑인 출신으로 피부가 검다고 붙여진 '코카콜라', 브라질 루이사 수녀님은 백옥같이 하얀 피부로 붙여진 별명 '레체(우유)', 한국 데레사 수녀님은 아이들에게 말할 때마다 진짜니!(verdad!)라고 확인을 하고 해서 붙은 별명 '베드닷', 필리핀 벨린다 수녀님은 몸이 몹시 말랐고 얼굴이 길어 '원숭이', 온갖 것 다 참견하고 다니는 나의 별명은 '마마신'이다.

아이들은 교묘하게 직접적으로 수녀님들 별명을 부르지 않는다. 짓궂게도 마치 다른 사람 이야기하듯 에둘러 얘기한다. 예를 들어 비행기가 날고 있으면 "수녀님 누가 지금 나쁜 짓 하다 도망을 치고 있나 봐요. 총을 꺼내야 할 것 같은데요." 지나가는 루시 수녀님을 보고 "수녀님 요즘 삼성탭이 대세래요. 수녀님은 탭이 없으세요?" "막달레나 수녀님 오늘 학교에서 비디오 보았는데 아기 코끼리 덤보가 너무 귀여웠어요."라는 식의 놀리기를 한다. 유일하게 대놓고 별명을 맘껏 부를 수 있었던 것은 나와 데레사 수녀님뿐이었다. 나이도 제일 많을 뿐더러 그나마 사람을 낮추어 부르는 별명이 아니었기 때문에.

아이들의 놀림으로 어떤 수녀님은 가슴앓이도 하고 어떤 수녀님은 웃어넘기고 어떤 수녀님은 아이들에게 화도 내어 보지만 악동들을 이길 수녀님은 한 명도 없었다. 아이들과 사는 삶은 참으로 순수하고 단순하다. 그 단순한 삶을 복잡하게 만드는 것은 어른들의 생각 때문이 아닐까. 별명 좀 불리면 어떤가. 삶은 이렇게 모여 살면서 한바탕 웃다 가는 것인데. 먼 훗날 우리가 아이들을 기억할 때 혹은 아이들이 우리를 기억할 때 이름보다 별명을 부르면 기억 속의 아이들은 더 빨리 우리 곁으로 달려오지 않을까.

벌꿀 소동

과달라하라 소년의 집 124헥타르의 넓은 뒷산은 아이들 최고의 놀이터이다. 설립 초창기부터 수녀님들과 아이들이 심어놓은 나무는 해가 거듭되면서 울창한 그늘을 만들어 쉼터를 제공해 주고 있다. 토요일이나 일요일이 되면 수녀님들과 아이들은 그곳에 소풍을 가서 점심을 먹기도 하고 숲에서 놀이도 하고 어떤 아이들은 마라톤을 한다. 이웃 땅과는 철조망으로 경계를 지어 우리 땅에서는 마음껏 놀 수 있게 허락되었다. 가끔씩 철조망을 뚫고 들어오는 이웃 소들로 한바탕 소동이 벌어지지만 기숙사 7층에 살고 있는 1학년 학생들이 눈여겨보았다가 사무실에 알린다. "지금 소들이 우리 옥수수밭을 습격하고 있어요." "소몰이 가자."라는 말 한마디에 아이들은 잽싸게 산으로 뛰어가서 소몰이를 시작한다. 경계를 튼튼히 한다고 했지만 건기가 되면 목마른 소들이 철조망을 뜯고 우리 땅으로 물을 찾아 내려와서 골치를 앓는다. 소년들은 어린 시절부터 배운 솜씨로 소들을 몰아내고 의기양양 승리자의 모습으로 돌아온다. 돌길에 넘어지고 숲길에 넘어져도 소들과의 신바람 나는 달리기 시합을 충분히 즐겼기에 기쁨이 크다. 아이들은 작은 것을 통해 행복을 발견하고 그것을 즐길 줄 아는 특별한 능력을 가졌다

가을이 되면 멕시코는 산천이 온통 노란빛이다. 우리 집 뒷산에도 엄청난 야생 해바라기들이 피어나면서 벌들이 바빠진다. 꿀을 모으기 위해 열심히 일하는 벌들을 아이들이 쫓아다닌다. 아이들에게 벌집이 발각되면 벌들은 어쩔 수 없이 그동안 모아놓은 꿀을 속절없이 빼앗긴다. 몇 년 동안 같은 곳에 꿀을 모으는 벌들은 이미 아이들의 표적이 되어 버렸다. 어떤 벌들은 큰 바위 밑에 집을 짓기를 몇 년째. 아이들은 석청까지 따오는 경우도 있다. 아이들이 꿀을 모아 친구들끼리 식사 시간에 빵에 발라 먹는다. 어느 날은 조심스레 꿀을 들고 들어오다 수녀님에게 걸리면 울며 겨자 먹기로 꿀을 나누어 주기도 한다. 꿀을 많이 채집한 날은 작은 병에 담긴 꿀들이 사무실로 배달된다. 자연이 준 선물을 함께 나누어 먹으면서 즐거워하는 모습을 보는 것 또한 행복이다. 가끔씩 벌에 쏘여 퉁퉁 부은 얼굴로 의무실을 찾는 아이들은 모두에게 한바탕 웃음을 주기도 한다.

겨울방학을 얼마 남겨두지 않은 어느 날 경비실로부터 연락이 왔다. 화가 많이 난 농부 한 분이 책임자를 찾는다. 무슨 일인지 물어 보니 아이들이 문제를 일으켰으니 책임자와 이야기를 하자고

한다. 아저씨는 우리 뒷산 근처에서 양봉을 직업으로 하시는 분이다. 산이 깊어 구석구석 다 볼 수 없어 어디서 무슨 일을 하는지 잘 몰랐는데, 이곳에 꽃이 많아서 벌써 몇 년 전부터 양봉을 한다고 한다. 그런데 올해 몇 번인가 아이들이 자신의 꿀을 가져갔단다. 뿐만 아니라 양봉상자 몇 개를 망가뜨리기도 했단다. 증거로 찍어온 사진 속에는 망가진 양봉 상자와 우리 아이들의 옷, 장갑, 실습복, 수건 등이 있다. 벌에 쏘이지 않으려고 준비해간 옷가지들을 꿀을 얻고는 그냥 남겨 놓고 온 것이다. 증거가 분명하니 할 말이 없다. 아이들 교육 제대로 시키지 못해 죄송하다는 말을 하면서 꿀값을 물어 드리겠다고 하니 맘씨 좋은 아저씨는 꿀값은 괜찮으니까 아이들 조심시켜 달라는 말과 함께 떠났다.

'위기는 기회다' 가르칠 수 있는 산교육의 최고의 기회, 저녁을 먹고 전체 방송을 통해 뒷산 양봉상자에서 몰래 꿀을 가지고 온 학생들은 사무실로 오라고 알린다. 전교생에게 '주인 있는 벌꿀을 허락 없이 가져왔다는 사실'을 알고 있다는 것을 알리기 위한 목적으로 전체 방송으로 알림을 하는 것이다. 아이들끼리 비밀도 잘 지켜주지만 어른들이 알아버린 일은 이미 비밀이 아니다. 아이들의 눈이 많아 그들이 지키는 비밀에는 보장이 없다. 아이들끼리 누가 벌꿀을 가지고 왔는지 이미 다 알고 있으니 가만히 있지 않을 것이다.

방송이 나간 후 벌꿀 소동을 벌인 아이들이 줄줄이 들어온다. 2학년 에리카 수녀님 반 악동들이다. 소년의 집에서 가장 활동적이고 가장 많은 문제들을 일으켜 담당 수녀님을 당황시키는 중2 악동들, 십여 명의 소년들이 죄인처럼 고개를 숙이고 사무실에 모였다. 야단맞을 걱정에 얼굴빛이 구릿빛이다. 각자가 한 일에 대해 이야기할 기회를 주고 왜 그랬는지 묻자 "재미있잖아요, 심심해서요."라는 아이다운 단순한 대답, 중2들은 국적을 불문하고 질풍노도의 시기임이 여실히 드러난다. 이성적으로 생각하기가 매우 힘든 것이 틀림없다. "그렇지 네 탓이 아니라 지금 리모델링 하고 있는 뇌 탓이지." 아이들에게 훈계를 하고 아저씨께 꿀값을 드려야 한다고 했다. 아이들은 방학에 집에 가서 돈을 벌어 물어주겠다 한다. "당연히 그렇게 해야겠지." 남의 것을 함부로 파괴하고 훔치면 거기에는 분명한 대가가 따라야 한다는 사실을 이번 기회를 통해 배우기를 바란다. 방학 때 가족들에게 자신들이 한 일에 대해 고백을 하고 용서도 청하고 다시는 남의 물건에 허락 없이 손대는 일이 없기로 약속을 하고 용서를 해준다.

아이들이 성장하여 소년의 집을 떠났을 때 꿀을 먹을 기회가 오면 오늘의 일이 떠오를까. 오늘의 기억이 철없던 시절의 개구쟁이 한바탕 웃음으로 덮어질까. 하루하루 서툴게 살아가는 것이 삶이니까. '그래 조금 서툴면 어때. 누구나 삶은 처음인데….' 실수를 통해서 삶을 배우고 용서받음을 통해 용서하는 법을 배우는 우리 아이들, 야단을 맞고 돌아가는 아이들을 보며 화가 나기보다 웃음이 나온다.

익사한 빵 'Torta Ahogada'

과달라하라 소년의 집 졸업생들이 모교를 찾아오면 졸업 후 학교를 떠나 살면서 그리워했던 사람들을 만나고 정이 들었던 학교 구석구석을 돌아다니며 눈인사를 나눈다. 경험해 보지 않은 소년의 집 첫 생활이 시작되었던 생활실, 지식을 채워갔던 교실, 날마다 달리기 했던 운동장, 농구장, 수없이 많이 모였던 큰 체육관, 처음으로 들어가 본 수영장, 일요일에 낚시를 했던 호수, 추억을 꺼내 웃고 울면서 여기저기를 돌아본다. 그리고 5년 동안 자신들을 키워 준 맛있는 음식에 대한 이야기는 그들이 내놓는 단골메뉴가 되어 버렸다. 그중에 하나가 일요일과 수요일 아침에 먹었던 '토르따(Torta)'라고 하는 멕시코 전통 빵이다.

소년의 집 빵 공장에서는 하루에 50kg밀가루 8포대로 약 5천개에서 약 6천 개의 빵을 만든다. 하루가 다르게 성장하는 사춘기 청소년들이 먹는 양을 맞추기 위해 방학기간만 빼고 하루도 쉬지 않고 빵 공장이 돌아간다.

아이들이 아침저녁 주식으로 먹는 빵을 '델레라(Delela)'라고 하는 '소금 빵'인데 밀가루 반죽에 소금, 설탕, 누룩을 넣어 담백하게 만드는 빵이다. 아이들은 식사로 델레라 빵과 콩, 다른 음식 하나, 우유 한 컵, 바나나 혹은 망고, 계절과일을 먹는다. 매주 수요일과 일요일 아침에는 토르따를 만들어 먹을 수 있는 여러 가지 특별 재료를 준비해준다. 토르따 만드는 방법은 빵을 반으로 잘라 양쪽으로 마요네즈를 듬뿍 바르고, 으깬 콩을 그 위에 얹는다. 그 위에 아이들이 좋아하는 하몬 한 조각, 노란치즈 한 조각, 양배추,

토마토 얇게 저민 것, 아보카도 저민 것, 양파, 매운 고추까지 넣고 두 쪽을 맞추면 토르따가 완성된다. 아이들이 자신의 기호대로 이것저것 넣어 만든 토르따 먹는 모습을 본 사람들은 저 모습이 천국이라고 생각할 정도로 기쁨이 사방에서 출렁인다. 시골집에 있을 때 한 번도 토르따를 먹어보지 못한 아이들, 콩과 토르띠자(옥수수전병 멕시코 주식)만 먹으면서 살아온 아이들에게 소년의 집에서 먹는 토르따의 맛은 가히 환상적이었다고 40살이 다 되어가는 중년의 졸업생들도 이야기한다.

아이들의 토르따 사랑은 유별나다. 어느 날 식사 시간에 우연히 밖에 나왔다가 한 아이가 토르따가 열세 개 정도 담긴 바구니를 들고 위층으로 올라가다 마주쳤다. 어디서 난 것이며 지금 어디로 가고 있는지 묻자 아이는 매우 민망해 하면서 말을 하지 못한다. 내가 직접 눈으로 보고 있으니 어떤 변명을 내놓지 못한다. 사연인즉 1빌딩 아이들과 2빌딩 아이들이 토르따 내기 축구시합을 하였다. 2빌딩 아이들이 시합에서 졌고 결국 자신의 토르따를 이긴 팀에게 갚으러 온 것이다. 문제는 진 팀 아이들이 아침 식사를 굶어야 한다는 것이다. 받는 아이들은 축제지만 내줘야하는 아이들에게는 끼니를 건너뛰는 희생이다.

그토록 축구 경기에 열을 올리는 이유가 상대편의 맛있는 토르따를 쟁취하는 것에 있었던 것이다. 그날 이후 다시 한 번 더 내기를 하면 그 학년 전체가 토르따를 먹지 못한다고 엄포를 놓았다. 그럼에도 불구하고 어른들이 모르는 곳에서 여전히 그들의 아이다운 소행은 계속되고 있을 것이라 생각한다. 워낙 많은 아이들이 모여 살다 보니 하루에 한 아이에게 한 가지 사건만 있어도 이천 개도 넘는 크고 작은 일들이 발생한다. 그것을 다 알 수도 없고 알려고도 하지 않는다. 어느 때는 작은 것이 많은 것이고 모르는 것이 약이 될 때가 있으니까.

나라가 워낙 큰 멕시코는 각 지역별로 전통음식이 많이 있는데 과달라하라 전통음식 중에 '익사한 빵(Torta Ahogada)'이 있다. 처음 이 음식 이름을 들었을 때 "어떻게 빵이 익사를 할 수 있지? 정말 음식이름 맞아?" 하면서 흥미로웠고 상상만으로 재미있었다. '토르따 아오가다', 빵에 고기와 야채를 듬뿍 넣고 그 위에 토마토, 양파, 마늘, 고추를 갈아 만든 멕시코 소스를 부어 그들의 말대로 빵을 소스 속에 익사시켜 먹는 음식이다. 멕시칸들은 빵에게도 생명을 부여했나 보다. 그래서 빵이 인간의 먹이가 되기 위해 소스 속에서 익사를 하였다고 표현을 하나 보다. 아이들은 토르따 아오가다를 아주 좋아한다. 방학 전이나 특별한 행사가 있는 날이면 토르따 아오가다를 먹고, 고향으로 돌아가는 방학에는 부모님들과 함께 과달라하라의 특식을 꼭 먹는다고 한다.

자신의 몸을 익사시켜 사람의 맛있는 음식이 되어준 기특한 '토르따 아오가다(Torta Ahogada)' 멕시코를 여행하다 과달라하라에 들르게 되면 꼭 '익사한 빵(Torta Ahogada)'을 한번 먹어볼 일이다.

옥수수 이야기

멕시코의 주식은 콩과 옥수수다. 콩과 옥수수는 우리나라의 밥과 김치 같다고 할까. 멕시코에는 엄청나게 많은 종류의 콩들이 있지만 이들이 주식으로 먹는 콩은 한국에서 먹는 작은 강낭콩 종류로 소금과 양파, 마늘을 넣고 푹 삶아, 옥수수 가루로 구워 만든 전병(토르티쟈)과 함께 먹는다. 부자나 가난한 이들이나 모두가 먹는 음식이 바로 콩(Frijol)과 토르티쟈(Tortillla)다.

미국에 본부를 두고 있는 세계적인 식품회사에서 해마다 전 대륙을 대상으로 농사에 대한 새로운 프로젝트를 모집하고 대륙 별로 한 곳만 선정하여 2년 동안 많은 지원을 해준다. 우리는 이 기회를 잡기 위해 2년째 프로젝트를 냈다. 첫 해에 내었던 프로젝트는 통과되지 못했고, 다음 해 신념을 갖고 다시 프로젝트를 넣었는데 라틴아메리카대륙에서 일등을 하면서 상금으로 20만 달러를 받았다. 프로젝트 내용은 아이들에게 새로 나온 여러 기계를 이용하여 옥수수 농사를 짓는 신기술을 가르쳐 소년의 집을 졸업하여 고향 마을에 돌아가면 그들이 배운 신기술을 이용하여 옥수수 농사를 짓고 마을 사람들에게도 가르치게 하겠다는 프로그램이다.

상금으로 받은 돈은 산을 개간하는 작업비, 여러 가지 농기구 구입비, 큰 창고를 짓는 비용, 교사 채용비용, 농사에 필요한 자동차구입비 및 건기 때에도 물을 사용할 수 있는 물탱크 및 스프링클러 구입비로 사용된다. 상금을 받아 소년의 집 뒷산 3헥타르(9천평)를 개간하기 시작했다. 돌을 골라내고 흙을 부드럽게 하는 작업까지, 몇 개월의 시간이 흐르고 드디어 5월 우기가 시작되어 넓은 땅에 옥수수 씨앗을 뿌렸다. 모든 것을 기계가 하니 아이들이 일을 하지 않아도 된다. 특별부서를 만들어 신기술로 옥수수 농사를 짓는 법을 배우고 싶은 학생들이 직접 그 작업에 참여한다. 멕시코의 옥수수 농사 기술은 마치 우리나라의 벼농사를 짓는 기술처럼 잘 발달되어 있음을 이번 기회에 알게 된다. 다만 가난한 이들에게는 아직 신기술을 이용하여 농사를 지을 기회가 주어지지 않았을 뿐이다. 심어놓은 옥수수가 하루가 다르게 자라기 시작한다. 우리가 살고 있는 집에서 옥수수밭이 있는 곳까지 가려면 시간이 제법 걸린다. 옥수수밭을 개간한 곳은 소년의 집 설립 초기에 아이들과 나무를 심은 곳인데, 어느 해인가 불이 나서 나무들이 타고 그 자리에 수많은 야생 해바라기가 피는 곳이다.

그 해 은사이신 최성애 박사님과 조벽 교수님께서 과달라하라를 방문하셨다. 여기저기 돌아다니며 챙길 것이 많아 늘 시간에 쫓기는 나를 보시고, 시간도 절약하고 좀 더 쉽게 이동할 있도록 산악 4륜 오토바이를 선물해 주셨다. 말 타고 다니던 길을 이젠 오토바이를 타고 다닐 수 있게 된 것이다. 일주일에 서너 번씩 산을 돌면서 옥수수들이 잘 자라고 있는지 벌레는 먹지 않았는지, 소는 들어오지 않는지, 일하는 아저씨들이 나무 밑에서 낮잠을 자고 있지 않은지, 온갖 것을 챙겨야 하는 일상이다.

우기가 시작되면 산빛은 완전히 다른 모습으로 바뀌기 시작한다. 메마르고 건조해 몇 개월 동안 쌓인 먼지로 회색빛이던 산천이 푸르고 화창하게 변한다. 산에는 온갖 종류의 꽃들이 피어나고 야생사슴도 놀러와 쉬었다 가기도 한다. 멕시코의 가을은 노란빛이다. 세상 전체가 노랗다. 야생 해바라기들이 무리져 피어있는 모습은 눈이 부시도록 아름답다. 옥수수는 자라는 속도가 빨라 9월 초쯤이면 추수를 시작한다. 처음으로 짓는 옥수수 농사임에도 풍작을 이루었다. 너무나 많이 열린 옥수수를 어떻게 다 먹어야 할지, 날마다 삶아 먹고, 죽 끓여 먹고, 빵 만들고, 따말 만들고, 엘로떼 만들고…. 한 달 내내 옥수수를 먹었다. 주식이 옥수수니 질릴 이유는 없다. 토요일이나 월요일이 되면 아이들에게 간식 대신 산에 가서 마음껏 옥수수를 구워 먹어도 된다고 허락해 준다. 단, 먹고 난 자리를 잘 정리한다는 조건으로. 멕시코인들의 옥수수 사랑은 엄청나다.

옥수수에 마요네즈를 바르고 치즈가루를 뿌리고 레몬즙과 고춧가루를 뿌리면 모두가 좋아하는 엘로떼(El Lote)가 된다. 엘로떼는 식사 대신으로 먹을 수 있고 남녀노소 누구나 즐겨 먹는 간식이다. 생활실 별로 마요네즈 큰 통 하나와 치즈가루, 고춧가루를 주면 아이들은 레몬 밭에 가서 먹을 만큼의 레몬을 따서 밭으로 간다. 친한 친구들끼리, 같은 마을에서 온 아이들끼리 모여 앉아서 불을 피우고 옥수수를 굽기 시작한다. 토요일과 일요일 오후가 되면 산은 온통 옥수수 굽는 연기로 자욱하다. 여기저기서 아이들이 옥수수를 구워먹는 모습은 말 그대로, 자연인이다. 한 아이가 몇 개의 옥수수 먹는지 물어 보니 보통 4~5개 기본이고 많이 먹는 아이는 10개까지 먹는다고 한다. 산에 너부러진 나뭇가지들을 모아 그들의 고향에서 했던 그대로 옥수수를 굽고 어떤 아이들은 쪄 먹기도 한다. 자연과 함께 성장하는 아이들의 모습이 건강하다. 집에 돌아오는 아이들은 온통 숯검댕이가 된 모습에 마주보며 웃는 모습이 행복해 보인다. 어떤 아이들은 잘 구워진 옥수수를 접시에 담아 사무실에 가지고 온다. 아이들을 담당하지 않는 이모 수녀님들을 위한 배려다.

옥수수는 아메리카대륙에서 기원한 고대 작물이라고 한다. 기원전 5세기에 멕시코의 테우아칸(Tehuacan)이라는 지역에서 재배되기 시작하였고, 아즈텍문명과 마야문명에서는 옥수수신이 여러 신 중에서 높은 위치를 차지하고 있었다고 한다. 멕시칸들은 모든 인간들이 옥수수신으로부터 왔다고 믿었다. 옥수수신을 가장 중요한 신으로 여겼으며 옥수수는 신이 사람을 창조했던 원료이며, 자연계 또는 신들이 내려준 신성한 선물이라고 여겼다고 한다.

멕시칸들은 축제를 즐기는 민족이다. 고대에 해마다 옥수수신을 위한 축제가 열렸는데 축제가 막바지로 치달을 때면 미녀의 목을 쳐서 옥수수신에게 바쳤고, 그 피를 옥수수가루에 반죽하여 모든 사람이 나눠 먹음으로써 신의 은총을 받고자 했다고 한다. 고대에서부터 지금까지 옥수수는 멕시칸들에게 없어서는 안 되는 생명의 양식이다.

산 불

멕시코의 건기는 우기가 끝나는 10월 중순에서 다음해 5월 초까지 계속된다. 건기가 시작되면 찬란했던 뒷산의 노란 꽃들이 자취도 없이 사리지고 산들이 잿빛으로 빠르게 옷을 갈아입는다. 길을 걷다보면 바스락거리는 나뭇잎들, 부서지는 삭정이들, 찬란한 여름을 보낸 수많은 들꽃의 잔해들이 발에 밟힌다.

우리 산에는 미츄아칸 피노(미츄아칸주 소나무) 수천 그루가 있다. 겨울이 되어도 솔잎향이 그리운 날은 그곳에 잠시 머물며 숨을 쉬고 나면 온몸에 솔향기가 난다. 소나무를 처음 심을 때는 60㎝ 정도의 작은 나무였다. 황무지 같았던 산에 구덩이를 파고 아이들과 소나무를 심었다. 토요일과 일요일에는 아이들과 물탱크에 물을 싣고 가서 물을 주기를 몇 년, 더디게 정말 더디게 자라는 답답함도 있었지만 5년 정도 되니 하루가 다르게 자라기 시작했다. 더디 자란 기간은 뿌리를 내리는 과정이라고 했다. 10m 이상 자라는 나무로 성장하기 위한 준비의 세월이 필요했던 것이다. 십여 년의 세월이 흘러 우리가 심었던 소나무들이 4~5m 이상 자랐다.

아이들이 소나무 밑에 앉아 간식을 먹거나 가끔씩 점심을 먹기도 한다. 아이들이 점심을 먹고 오후 수업에 들어가는 시간에 수녀님들과 소나무 숲으로 소풍을 간다. 오랜만에 우리들끼리의 외출, 소나무 밑에서 점심을 먹으며 모두들 즐거워하고 형제적인 사랑을 나누는 시간이다. 점심식사 후 수녀님들은 각자 자리를 펴고 소나무 밑에 누워 꿀 같은 휴식을 취한다. 솔향기 코끝을 간질이고 피곤으로 무거운 몸 토닥이다가 숨 한번 크게 쉬면 솔바람이 내 안에 들어와 자장가를 불러준다. 솔향기 이불을 덮고 그렇게 자연 속에 또 하나의 자연이 되어 꿀 같은 휴식을 하고 아이들에게 줄 선물로 솔방울 몇 개를 가지고 돌아온다. 골치 아픈 문제들이 해결되지 않을 때, 바람이 쐬고 싶을 때, 산 한 바퀴 돌자는 핑계를 대면서 수녀님들과 함께 천천히 걷는다.

비가 내리기 시작하면서 피어나는 수많은 야생화, 사슴들이 놀러 오고 온갖 새들이 놀러 오는 아름다운 동산이 된다. 온 세상이 초록 옷 입고 모두에게 자랑하는 아름다운 우기가 시작된다. 여기저기에서 넘쳐나는 작은 폭포수들, 그 많은 물들은 어디로 흘러가는 것일까.

한 철을 그렇게 보내고 9월이 되면 산은 노란 옷으로 바꿔 입는다. 아무리 멀리서 봐도 산들이 노랗다. 야생 해바라기와 작은 노란 꽃들이 페스티벌을 벌인다. 아이들과 심어놓은 '빨로 데 로사'

라는 가구를 만드는 나무도 노란 꽃을 가득 피워낸다. 노란빛의 찬란한 가을이 건기의 시작부터 준비한 작업이었음을 안다. 힘들고 고통스럽기까지 한 건기 동안 잘 견디며 준비해온 선물이 우기 때의 위대한 자연, 아름다운 자연임을 알게 한다.

건기의 하이라이트는 2월부터 시작된다. 2월이 되면 여기저기에서 산불이 나서 산천이 몸살을 앓는다. 산속에 있는 우리 집 주위에도 건기가 되면 산불로 애를 먹는다. 집 앞을 지나는 도로에서 버린 담뱃불이 원인이 되기도 하고 버려진 유리조각들이 뜨거운 태양빛의 열을 받아 산불로 이어지기도 한다.

우리 집 주위에서 불이 나면 상급생인 고등학생들이 동원이 된다. 아이들이 청소할 때 사용하는 플라스틱 물통을 하나씩 들고 호수에서부터 물을 짊어지고 불이 난 곳에 진화를 하러 간다. 그곳이 아무리 멀어도 우리 땅에서 불이 나면 고등학생 아이들은 마치 준비된 소방대원처럼 벌떡 일어나 화재 진화에 나선다. 아이들은 산불 끄는 것을 즐기고 있는 것 같다. "당연하겠지. 수업을 하지 않고 일탈을 할 수 있으니까." 멕시코는 우리나라와 달리 소방시설이 잘 되어 있지 않아서 불이 나도 속수무책으로 타들어 가는 것을 보고 있어야 한다. 그래서 우리 구역에서 난 불이라도 끄기 위해 아이들이 출동을 하는 것이다.

어느 해 도로 저쪽에 있는 밭에서 산불이 났다는 소식이 전해졌다. 아이들 20여 명과 물을 들고 불이 우리 땅으로 넘어오지 못하게 지키기 위해 집을 나섰다. 불은 집 앞으로 나 있는 도로 밑에서 시작되었는데 엄청난 속도로 타오르고 있었다. 그 불이 도로를 넘으면 큰일이다 싶어 아이들과 함께 보초를 서고 있었다. 그런데 한 순간 작은 불씨 하나가 바람에 휙 하고 날리더니 우리 지역으로 떨어졌다. 정말 눈 깜짝 할 사이에 불씨 하나가 마치 기다렸다는 듯이 메마른 땅으로 번져갔다. 영화를 보는 기분이다. 이미 우리가 감당할 수 없는 불길이 잘 마른 숲을 태우기 시작했다. 고등학생 전체와 중학교 3학년 학생까지 나와서 진화하기 시작한다. 불씨가 번진 곳은 몇 년 전에 심어놓은 망고 밭과 아보카도 밭이다. 얼마나 애써서 망고나무와 아보카도나무를 돌보았는데 이제 겨우 열매를 맺기 시작했는데 속수무책으로 타들어 간다. 지켜보는 이들의 심장이 함께 타고 있다. 우리의 연락을 받고 119가 출동을 했지만 아무런 도움이 되지 못한다. 아무리 빨리 쫓아가서 진화를 해도 마른 땅은 세상에서 가장 재미난 놀이를 하듯이 타들어 가고 있었다. 정신없이 돌아다니며 아이들 챙기고 사고 나지 않도록 감독하다 보니 불이 정화조 있는 곳으로 번져가면서 조금씩 잡혀 갔다.

천만다행으로 소나무를 심어 놓은 밭까지 번지지 않았다. 그렇게 몇 시간 산속을 헤매며 여기저기 남아 있는 불씨를 끄고 아이들을 집으로 돌려보냈다. 정신이 혼미해져 경비실로 오니, 온통 숯검정이 되어 있다. 수도복은 엉망진창이 되었고 스타킹은 불에 타서 흰 발이 다 드러나고 쓰고 있는 수건이 온통 검댕이로 변해 있었다. 그동안 애써 가꾸어 온 망고나무와 아보카도나무가 타버려서 너무 속이 상했다.

누구를 원망하고 누구에게 손해배상을 해야 하나. 모든 것을 자연 재해로 받아들이는 이들의 너그러운 마음이 화가 난다. 걱정을 해서 나의 문제가 사라진다면 무엇이 문제랴. 걱정을 해보았자 아무 일도 해결되지 않는 이 나라에서 내가 살아남는 방법은 좀 더 긍정적인 사람이 되는 것이다. 해마다 숱한 산불로 많은 손해를 보고 살고 있는 사람들…. 그것을 자연스럽게 받아들이는 모습에서 멕시칸만이 가지고 있는 특별한 긍정의 법칙을 배우는 것이 내가 살 길임을 터득한다.

옷이 열리는 나무

매주 토요일이 되면 이천 명 소년들은 일제히 빨래와 대청소를 시작한다. 10시에 수업이 끝나면 소년들은 자신의 교복과 운동화를 깨끗이 빤다. 소년들을 위해 지어놓은 빨래터에서, 각층에 마련되어 있는 화장실과 세면장에서 일주일 동안 입었던 교복 상의 두벌과 바지 한 개, 운동화 한 켤레를 빨기 위해 북새통을 이룬다. 생활실의 큰형(Helping Brother)은 일학년 동생들이 제대로 옷을 빠는지 제대로 헹구는지 도움을 주고 지도를 해서, 깨끗하게 빤 옷과 운동화를 햇볕에 말리도록 한다.

과달라하라의 오후 날씨는 매우 쾌청하고 맑아서 몇 시간만 볕에 옷을 맡기면 금세 마른다. 문제는 옷을 어디다 어떻게 널어야 하는가와 어떻게 하면 잃어버리지 않는가이다. 옷을 널어 말리는 공간은 한정되어 있고 아이들의 옷 숫자가 많다 보니 토요일마다 서로 좋은 장소를 차지하려고 전쟁을 한다. 다행히 각 빌딩별로 장소를 정해서 돌아가면서 옷을 말리는데 그 광경이 참 기특하다. 실습장 주위 철망, 운동장 철망, 나무, 담벼락, 비상계단, 창문, 호숫가까지…. 그야말로 토요일 오후가 되면 소년의 집 전체가 아이들의 옷으로 덮인다.

오전에 교복과 운동화를 빨면 오후 4시나 되어야 마르는데 그때까지 교복과 운동화를 지키는 당번이 엄청난 희생을 한다. 널어놓은 옷과 운동화를 지키지 않으면 잃어버리는 일이 발생하기 때문이다. 어릴 때부터 내 것과 남의 것에 대한 소유의 개념과 경계를 제대로 배우지 못한 까닭에 양심의 가책을 받지 않고 남의 것을 함부로 취하는 아이들이 간혹 있다. 도덕성의 부족을 일깨우기 위해 교리 시간마다 잔소리처럼 이야기를 해도 이미 굳어버린 습관은 바로잡기가 참 어렵다. 어떤 아이는 습관적으로 남의 운동화를 가져다 숨겨놓는다. 나중에 찾아서 물어 보면 특별한 이유가 없다. 어쩌면 그동안 소유해 보지 않은 물건에 대한 욕심일 수도 있다. 그래서 아이들은 반별로 한 명씩 한 시간 혹은 두 시간씩 옷과 운동화를 지키는 보초를 선다. 옷이 마를 때까지 자리를 떠나지 않는데 그 시간에 아이들이 무엇을 하는지 유심히 관찰을 했더니, 어떤 아이들은 책을 보고, 숙제를 하거나, 혹은 보드게임을 하기도 한다. 몇 시간을 그렇게 땡볕에서 옷을 지키고 있는 모습이 안타까워 몇 번이나 하지 못하게 하였지만 잃어버리는 것보다 훨씬 낫다고 한다. 아이들은 옷을 지키는 친구를 위해 점심까지 가져다주고 함께 점심을 먹는다. 그 인내심을 누가 본받을 수 있을까.

자신의 반나절을 온통 희생하는 아이들의 모습에는 어떤 이기심도 보이지 않는다. 옷이 마르면 기뻐하며 집으로 나르는데 친구들의 도움을 받아 옷을 나르는 아이의 얼굴에는 그 아이만이 갖는 성취감이 엿보인다. 마른 옷을 교실에 쌓아두고 이름을 불러 찾아주는 것까지 그날 당번의 몫이다. 이렇게 옷을 단체로 지키는 것은 대부분 저학년이다.

고등학교 학생들이 옷을 관리하는 방법은 매우 특별하다. 고등학생들은 소유의 개념이 있고 경계가 분명하니 중학생 아이들처럼 그렇게 잃어버리거나 남의 것을 가져가는 경우가 드물다. 아이들은 깨끗하게 세탁한 옷을 가지고 집안에 있는 가장 높은 나무에 올라가 옷을 말린다. 높은 나무 곁을 돌고 있는 바람과 햇빛 속에 옷을 맡기면 잘 마르고 다른 아이들의 손을 타지 않는다는 장점이 있다. 그래서 토요일 오후가 되면 집안에 있는 큰 나무에는 형형색색의 옷이 펄럭거린다. 아이들은 옷이 열린 나무 밑에서 책도 보고 그림도 그리면서 빛나는 태양빛에 옷과 함께 자신들의 일주일간의 고단했던 생활도 맑게 세탁되기를 기다리고 있는지도 모른다.

아이들의 옷이 펄럭이도록 자신을 내어준 고마운 나무들의 희생을 기억하며 햇볕 배인 옷을 입고 햇빛처럼 살아간다.

토요일 저녁식사 후 아이들은 교실에 앉아 주일 미사 준비를 한다. 손톱을 깎고 떨어진 교복 단추를 달고 바지 지퍼를 달고 해진 운동화를 꿰맨다.

아이들의 숫자에 비해 수녀님 숫자가 적다 보니 일일이 모든 옷을 다 꿰매줄 수가 없어 아이들은 스스로 바느질을 배워 자신의 옷을 꿰맨다. 각 층을 돌면서 아이들 바지를 꿰매주거나 단추를 달아주면 아이들과 관계는 훨씬 더 가까워지고 친밀해진다. 아이들에게 주어지는 운동화의 양이 일 년에 세 켤레 정도가 된다. 같은 시기에 운동화를 나누어 주니 아이마다 활동량이 달라 어떤 아이는 빨리 해어지고 어떤 아이는 4개월이 되어도 말짱하다. 활동량이 많아 운동화가 잘 떨어지는 아이들은 운동화를 꿰매 신는다. 아주 튼튼한 노끈 같은 굵은 실과 큰 바늘로 떨어진 운동화를 꿰매 신는 모습을 보면 마음껏 운동화를 줄 수 없어 마음이 짠하고 요즘 아이들 같지 않은 순수한 모습에 감동을 한다. 모든 것을 무료로 제공 받기 때문에 불평도 못하고 환경에 조금씩 익숙해져 간다. 고등학생이 되면 요령이 생겨 방학기간 일을 해서 번 돈으로 운동화를 사서 한 켤레씩 가져오기도 한다.

우리 아이들은 5년 동안 도시에서 수녀들이 운영하는 기숙학교에서 공부를 한 아이들답게 좀 세련되고 멋지게 성장을 하는데 그 아이들의 태도가 온 마을에 소문이 났다고 한다. 멕시코는 가톨릭 국가답게 수녀들이 운영하는 기숙학교를 최고로 친다. 특히 교육도시인 과달라하라에 있는 수녀들이 운영하는 학교에서 공부를 했다고 하면 사회에서도 인정을 받는다. 우리아이들의 걷는 태도는 좀 특이하다. 특별히 학년이 올라갈수록 가슴을 펴고 당당하게 걷는데 어떤 아이들은 어깨에 힘이 많이 들어간다. 이유는 5년의 긴 기숙학교 생활을 견디어낸 것에 대한 자부심과 자긍심의 표현이다.

가브리엘 신부님은 과달라하라 소년의 집 2기 졸업생이다. 우리 학교를 졸업하고 과달라하라 신학교에 들어가 7년 만에 신부가 되었다. 그의 동기 신부님이 마침 우리 본당의 보좌신부님으로 부임을 오게 되었다. 미사를 드리고 아이들 성사를 주게 되었는데 어느 날 신부님 하시는 말씀, "수녀님 이제 알았어요, 왜 가브리엘 걸음걸이가 그렇게 거만한지…."라고 한다. 신부님이 우리 집에 와서 보니 고등학교 5학년 아이들의 걸음걸이가 비슷하다는 것이다. 한마디로 걷는 방법이 거만하다는 것이다. 내 눈에는 당당하게 보였는데 말이다. 동기 신부님은 가브리엘도 여기서 공부를 했기에 그렇게 거만하게 걷는 것이라는 결론을 내렸다. 신부님 눈에는 그렇게 보일 수도 있겠구나 생각을 한다.

이 아이들이 소년의 집에 있지 않았다면 16세에서 17세에 이미 아이 아빠가 되어 그들의 고단한 삶을 살아야 했으니까. 멕시코의 인디언 마을이나 시골에서는 초등학교를 졸업도 못하고 대부분 바로 일을 시작한다. 그러다 보니 자연스럽게 어린 나이에 가정을 갖게 된다. 그래서 아이들 부모님의 나이를 보면 상상할 수 없을 만큼 젊다.

방학을 해서 고향 집으로 돌아가면 아이들은 자신의 존재에 대해 자존감이 다시 한 번 올라간다. 고향에서 만난 초등학교 친구들은 그 어린 나이에 가장이 되어 생활고를 책임지며 힘겹게 살고 있기 때문이다. 우리 아이들은 소년의 집에서 공부를 하고 사회에 나가 일을 할 수 있는 전문 지식과 자격증을 몇 개씩 취득해 가지고 간다. 졸업과 동시에 취업을 하여 가족들과 어린 동생들을 부양하고 몇 년의 시간이 흘러 공부에 대한 염원이 생기면 대학 진학을 할 수도 있다. 그러니 아이들이 좀 거만하게 걷는다고 누가 뭐랄 수야 없지 않은가.

토요일이 되면 나무마다 형형색색의 옷이 펄럭이는 과달라하라 소년의 집, 길바닥에 펼쳐 말리고 있는 운동화, 높은 자긍심으로 어깨를 펴고 좀 거만하게 걷는 아이들이 많이 있는 집. 하느님 보시기에 참 좋은 집, 축복이 있기를 기도한다.

소년들과 함께 드리는 미사

멕시코는 스페인 정복자들의 영향으로 가톨릭 문화가 뿌리 내려 인구의 80%가 가톨릭 신자다. 멕시코시티의 모든 도시와 시골에는 오래된 성당이 있으며 마을 지명 또한 가톨릭 성인의 이름으로 불리며 성인의 축일이 되면 일주일에서 열흘간 마을 축제를 지내기도 한다. 멕시코 사람들이 하는 우스갯소리가 하나 있다. 멕시코 사람들은 태어나서 죽을 때까지 적어도 세 번은 성당에 간다고 한다. 첫 번째는 태어났을 때 세례를 받으러 가고 두 번째는 결혼하러 세 번째는 죽었을 때 장례미사를 하기 위해 간다고 한다. 인구의 80%가 가톨릭 신자이지만 제대로 신앙생활을 하고 있는 사람이 없다는 그들 스스로의 자조 섞인 진담인 것이다. 소년의 집에 오는 학생들도 80% 정도가 가톨릭 세례를 받고 들어온다.

5년 동안 기숙학교에 머물면서 의식주 모두를 무료로 제공 받고 있는 소년들은 자신들을 후원해 주는 분들을 위한 기도로 은혜에 감사를 한다.

수요일과 일요일, 일주일에 두 번 이천 명의 소년들이 함께 모여 은인들을 위한 미사를 드린다. 미사를 위하여 결성된 합주부 학생들은 중학교 1학년에서 고등학교 5학년까지 약 100여 명의 소년으로 구성되었다. 악기를 연주하는 학생이 60명, 저학년 40명은 주로 코로스로 활동을 하면서 악기를 배운다. 성가 반주를 위해 연주되는 악기는 오르간, 기타, 만돌린, 트럼펫, 색소폰, 클라니넷, 트롬본, 트라이앵글, 탬버린, 플루트, 드럼 등이다. 특이한 점은 악기를 배우는 아이들이 악보를 볼 줄 모른다는 것이다. 멕시코 학교는 음악을 학과목으로 가르쳐 주지 않는다. 음악을 배우는 아이들은 주로 부잣집 아이들로, 아카데미 같은 곳에서 고액의 수업료를 주고 배운다. 우리 아이들은 음표를 읽을 줄 모르고 노래와 연주는 귀로 들은 기억의 감각으로 한다. 합주부 선생님께서 음표를 가르쳐 주기 위해 많은 노력을 한 결과 고등학생이 되면 조금씩 악보를 보면서 연주하는 학생들도 있다. 미사곡과 예술제를 위해 부르는 그 많은 노래를 악보 없이 외워서 연주를 하는 아이들을 보면 정말 신기하다. 합주부 학생들의 연습 시간은 수업이 끝나는 오후 4시 반부터 6시까지다. 고등학교 악장 한 명과 중학교 악장 한 명은 아이들을 챙기고 선배들이 후배들에게 악기를 가르쳐주도록 짝을 맺어 주기도 한다.

합주부에 들어가는 신입생들도 2~3개월이면 기타를 치고 트럼펫을 부는 모습은 신기에 가깝다. 아이들은 듣는 귀가 예민한 것일까. 곡을 듣고 악보 없이 연주로 이어지는 이들의 뇌는 분명 특별한 무엇이 있는가 보다. 토요일이면 오후 2시부터 5시까지 맹연습을 한다. 성가 반주에서부터 자주 오시는 손님들을 위한 환영 예술제 준비를 위해 날마다 모여 연습, 또 연습을 한다. 모든 행사에서 아이들은 노래하며 춤을 춘다. 예술제에서 부르는 라틴음악은 아이들을 신나게 춤추게 한다. 멕시코 사람들은 모두가 춤꾼이다. 음악이 나오면 어디서든지 춤을 추며 즐기는 국민이다. 타고난 본성에 날마다 갈고 닦는 연습으로 아이들의 실력이 매우 뛰어나다고 입소문이 나면서 많은 사람들이 우리 아이들을 특별 행사에 초대를 한다.

한번은 멕시코의 유명한 프로축구 팀 과달라하라 치바프로구단에서 아이들을 초대했다. 프로축구 개장하는 날 오프닝행사를 우리 아이들에게 부탁한 것이다. 이날 행사 모습이 멕시코 32개 주에 생중계가 되었다. 사람들이 초대하는 모든 축제에 아이들을 다 보낼 수는 없다. 공부를 하는 학생들이기 때문에 초청을 거절하는데 많은 지혜가 필요하다.

아이들은 성가 반주를 온몸으로 한다. 대부분의 미사 성가곡은 라틴계의 리듬으로 흥겹고 즐겁다. 신입생들이 처음 들어오면 미사시간에 성가 소리를 듣고 자동적으로 일어서서 춤을 추는 아이도 있다. 반주에 맞춰 모든 소년들이 함께 부르는 성가는 감동이다.

온 마음을 다하여 사제를 환영하는 입당송, 하느님께서 자비를 베풀지 않으면 안 될 것 같은, 신나게 그리고 열정적으로 부르는 자비송, 하느님께 온 영광을 돌리는 대영광송, 자신들의 삶을 봉헌하는 봉헌송, 그리고 성체를 영할 때 부르는 성체성가, 미사의 은혜에 감사하는 퇴장성가까지….

가끔씩 미사 중에 장난을 치고 집중하지 못하는 아이들을 보면 "미사 후에 불러서 야단을 쳐야지, 이번 주에 잘못한 것들을 주의를 주어야겠어."라고 감정적인 복수(?)를 꿈꾸다가 아이들이 정성껏 노래를 부르는 모습을 보면 어느새 나의 감정은 감사함과 사랑하는 마음으로 바뀐다. 그래서 미사 후에 아이들에게 고맙다고 말을 한다. 그러니 오늘 하루도 사고 나지 않게 즐겁게 잘 지내라고.

하느님께서도 그러하시겠지. 우리가 날마다 잘못을 저지르고 죄를 짓지만 정성을 다해 하느님을 섬기며 우리의 죄를 뉘우치고 용서를 청하면 조건 없이 들어주시겠지. 우리의 잘못보다 잘하는 것에 더 많은 관심과 사랑을 보이시는 자비의 하느님이심을 아이들과의 관계를 통해 다시 깨닫게 된다.

신입생 입학

- 우리는 학대를 받았어요

해마다 신입생이 들어오는 8월은 소년의 집이 눈물바다가 된다. 생전 처음 자신이 태어나고 자란 고향마을에서 벗어나 공부를 하겠다고, 멀게는 버스로 40시간 소요되는 바하캘리포니아주에서 온 아이부터 가까이는 과달라하라 시내 한 시간 이내에 있는 아이들까지 첫 만남이 이루어지는 8월, 아이들이 부모님과 고향에 대한 그리움에서 벗어나 소년의 집에 웬만큼 적응하려면 적어도 한 달 이상은 걸려야 한다.

입학식 날에는 부모님이 아이를 데리고 오는 경우도 있고 너무 멀고 가난한 사람들은 마을에서 대표 한 명을 책임자로 뽑아 그들 편에 아이들을 학교에 입학시킨다. 새벽부터 들어오는 아이들을 위해 교사들과 수녀님들은 체육관에 큰 사무실을 차리고, 이 아이가 시험에 통과한 아이인지, 문교부에서 요구하는 구비서류를 제대로 가지고 왔는지 꼼꼼히 확인하고 난 후에 학생증을 발급해 준다. 부모님들과 아이들에게 소년의 집 규정과 규칙이 적힌 규칙서를 주고 동의를 하면 서명을 받고 입학이 허락된다. 모든 서류가 제출되면 아이들은 소년의 집에서 제공하는 옷으로 갈아입고 생활실을 배정받는다.

태어나서 처음 보는 어마어마한 큰 학교에 압도된 아이들은 첫째 날과 둘째 날은 그럭저럭 지내다가 3, 4일이 되면서 울기 시작한다. 입학 다음날부터 수업을 시작하기 때문에 낮에는 여러 가지 활동으로 대부분의 아이들이 정신없이 여기저기 왔다 갔다 하며 시간을 보내다가 잠자는 저녁시간이 되면 여기저기 우는 아이들이 발생한다. 특히 중1 꼬마들 반은 한두 명이 울기 시작하면 그 울음이 전체로 번지기도 한다.

해마다 전체 입학생 중에 20~30여 명의 아이들은 아주 별나게 행동을 한다. 수업도 들어가지 않고 사무실을 찾아와 누가 원장 수녀인지 묻고 집에 보내달라고 떼를 쓴다. "내가 원해서 온 것이 아니다." "우리 부모님이 억지로 데리고 왔다." "우리 엄마가 암이다. 내가 가서 도와주어야 한다." "내 동생이 아프다." "우리 집 강아지가 아프다. 내가 돌봐주어야 한다." "우리 할머니가 아파서 내가 일해서 돈을 벌어야 한다." 온갖 핑계를 댄다. 한두 명이 수업에 들어가지 않고 돌아다니면 마음이 싱숭생숭한 아이들이 합세를 해서 어느새 그룹을 이룬다.

설득을 해놓고 뒤돌아서면 또 찾아오고, 교실에서 나와 돌아다

니다가 안 되면 도망갈 궁리를 한다. 수십 년의 경험으로 처음부터 정말 안 되는 아이들은 부모님께 바로 연락을 해서 도망가기 전에 집으로 귀가를 시킨다. 소년의 집 생활에 적응하지 못해 좋은 교육의 기회를 놓치는 아이들로 부모님들은 많이 속상해 하지만 아이가 원하면 대부분의 부모님들은 그냥 데리고 간다. 가끔씩 아이를 설득시키는 부모님도 있고 야단을 쳐서 공부를 계속하도록 하는 부모님도 있다.

그해에도 한 달 내내 이런 일들이 반복되었다. 8월 어느 날, 오아하카주에서 온 세 명의 아이들이 담을 타넘고 도망을 갔다고 연락이 왔다. 아이들이 도망을 가면 고등학생들과 수녀님들, 직원들이 동원되어 아이들을 찾아 나선다. 멀리 가지 못했을 경우 찾지만 그렇지 않을 경우에는 아주 멀리까지 가버려서 도무지 찾을 방법이 없을 때가 종종 있다. 첫 번째 가출에서 다행히 세 명 모두 찾아 데리고 올 수 있었다. 아이들의 만나보니 공부할 준비가 전혀 되어 있지 않았다.

그날 바로 동네 책임자에게 전화를 해서 아이들 상태를 알리고 방문해 주기를 요청했다. 오아하카지방의 책임자 에마 아주머니는 그렇게 하겠다고 했다. 다음날 에마 아주머니를 기다리는 사이 아이들이 다시 도망을 갔다고 연락이 왔다. 오후 늦은 시간이었고 주위를 찾았지만 찾을 수가 없었다.

다음날 일요일 미사 전에 낯선 사람으로부터 전화를 받았다. 우리 아이들 세 명을 데리고 있다고 한다. 그간의 사정을 설명하면서 우리 집까지 데려다 주시기를 바랐다. 아니면 우리가 아이들을 데리러 가겠다고했다.

전화를 준 사람이 아이들을 데리고 오기로 했지만 하루 종일 기다려도 오지 않았다. 걱정이 되었지만 에마 아주머니가 아이들과 통화를 했고 지금 과달라하라에 있다고 하니 조금 안심을 했다.

다음날 월요일 점심식사 후 갑자기 10여 명의 사람들이 들이닥쳤다. 오자마자 책임자를 찾으면서 수선을 떠는 폼이 뭔가 큰 일이 일어난 것 같다. 서둘러 그들을 회의실로 안내를 하고 무슨 일인지 묻자, "당신이 책임자요?"라고 거친 말로 심문하듯 이야기를 꺼냈다. 함께 온 사람들은 모두 핸드폰을 꺼내 책상에 놓으면서 녹음을 시작하고 어떤 사람은 사진을 찍고 난리다.

심장이 심하게 뛰기 시작한다. 죄도 짓지 않았으면서 떨리는 이 마음은 무엇인가. 아무렇지도 않은 척 당신들이 누구이며 무엇 때문에 왔는지 묻자 우리 집에서 아동학대 신고를 받아서 왔다고 한다. 그들은 세 팀으로 구성되었는데 법원팀, 경찰팀, 인권위원회팀이라고 했다. 어제 과달라하라 시내에 사는 어떤 사람이 오아하카 아이들 세 명을 데리고 법원에 우리를 신고했다고 한다. 신고 내용은 우리 학교에서 아이들을 폭행하고, 밥도 주지 않으며, 농장에 가서 강제로 일을 시킨다는 것이다. 생전 처음 집을 떠나 새로운 환경에 적응이 어려운 아이들은 그럴듯한, 그러나 참으로 어이없고 교묘한 보호책을 만들어 자신을 방어한다. 아이들의 말만 듣고 우리를 대하는 태도가 매우 불손하고 예의가 없어 화도 나고 기분도 나쁘다. 속마음을 드러내지 않으며 차분하게 우리 집이 어떤 곳인지 설명을 하고 아이들의 상황을 이야기한다. 그들은 본인들이 확인을 해야 하니 아이들로부터 받은 입학서류며 세 명의 아이들과 함께 온 오아하카 아이들, 같은 반 아이들을 직접 만나 상담을 하겠다고 한다. 그래서 수녀님들이 한 팀씩 들어가 그들을 안내하고 아이들의 이야기를 직접 듣게 했다. 교실로, 생활실로 올라갔던 공무원들 20분쯤 지나자 한 명씩 내려오기 시작했다.

그들에게 무엇을 찾았는지 무슨 문제가 있었느냐고 묻자 "소란을 피워서 미안합니다."라며 사과를 한다. 그들은 아이들 말만 듣고 그렇게 무례하게 나를 대했던 것에 대해 진심으로 사과를 하였다. 이미 과달라하라에서 18년 동안 일을 하고 있는 우리 학교에 대한 정보 하나 갖지 않고 무례하게 행동한 그들에게서 굳이 긍정성을 찾자면 이런 기회를 통해 우리 학교를 그들에게 알렸다는 것이다. 아이들을 만나 인터뷰를 하는 과정에서 세 명의 아이들이 거짓말을 한 것이 드러나면서 고발 사건은 가볍게 마무리되었다.

공문 하나 가져오지 않고 사적인 공간을 침입한 그들의 난폭성에 대해 다음 기회에 분명히 짚고 넘어가기로 한다. 이국에 와서 자기 국민들 위해 일하고 있는 사람들에 대한 일종의 탄압 같다고 모두들 입을 모았다. 수녀님들이 순간적으로 얼마나 긴장을 했는지 그들이 가고 난 다음에 이야기를 듣는다. 동행했던 수녀님들의 말에 의하면 학교를 잠깐 돌아보고 아이들 몇 명 만나면서 신고한 내용이 사실과 다르다는 것을 확인한 그들이 매우 난처한 표정을 지었다고 한다.

도망간 아이들은 차에서 앉아 기다리고 있었는데 그들이 돌아가면서 아이들을 야단치는 장면을 목격했다. 이런 좋은 곳에서 공부나 할 것이지 왜 도망을 쳐 여러 사람 힘들게 하느냐고. 결국 아이들은 시골에서 올라온 부모님들에 인계되었고 아이들을 넘겨받기까지 부모님들이 받은 고통이 이만저만이 아니다. 나중에 알게 된 사실은 우리를 고발한 사람은 가출 청소년들을 자기 집에서 재워주고 바로 신고를 하지 않은 것에 대한 법적 책임을 지지 않기 위해 아이들을 선동해서 우리를 고발하게 한 것이라고 했다.

살면서 좋은 사람, 선한 사람도 만나지만 우리의 삶을 복잡하게 만드는 사람들도 종종 만난다. 이런 기회 또한 교만을 낮추고 더 겸손하게 봉사하라는 하느님의 뜻으로 받아들인다.

아이들의 가출사건과 고발사건을 통해 우리는 또 한 번의 가슴 떨리는 경험을 했고 많은 아이들에게 좀 더 인격적인 방법으로 봉사를 하고 눈높이를 맞추며 그들의 입장이 되어 그들이 느끼는 슬픔과 아픔까지 공감할 수 있는 가슴 따뜻한 동반자로 살아가길 결심해본다.

호두나무 3천 그루

소년의 집 담장 안쪽과 바깥쪽 둘레에 마라톤길이 조성되어 있다. 오른쪽 길가에는 과야봐(Guyaba)라는 노란 과일 나무와 씨루엘라(Ciruela)라고 하는 우리나라 자두 비슷한 과일나무를 수백 그루 심어놓았다. 과야봐는 일 년에 두 번 꽃이 피고 과일을 맺는다. 노란색 과일이며 향이 매우 좋고 크기가 큰 살구만한 남미 과일이다. 과일 안에 작은 씨가 많은데 그 씨앗을 먹으면 맹장염에 걸린다고 의사들이 말한다. 가뭄이 극성을 부리는 1월 초 씨루엘라 나무에는 점처럼 작고 푸른 과일이 기적처럼 열매를 키운다. 마치 죽은 듯 아무런 미동도 없던 앙상했던 나무가 어느 날 작고 푸른 생명을 키우고 있는 것을 보면 매우 신비롭다. 조금씩 자라기 시작하는 열매는 비가 내리기 시작하는 5월 비를 먹고 쑥쑥 크다가 노랗고 빨간, 과즙이 많고 단 과일로 익어간다. 과일을 따면 잎이 나오기 시작하는데, 꽃과 잎이 만나지 못하는 우리나라의 상상화라고도 하는, 꽃무릇과 같다는 느낌을 주는 과일나무다. 또한 소년의 집에 들어오는 길가 밭에는 수십 그루의 망고나무와 아보카도나무, 레몬나무가 있다.

흥미로운 사실은 수많은 나무들이 엄청나게 많은 열매를 맺는데 한 번도 제대로 익어가는 것을 본 적이 없다는 것이다. 이유는 과일들이 익기 전에 아이들이 따 먹는다. 먹어도, 먹어도 뒤돌아서면 배가 고픈 사춘기 소년들. 풋과일은 소년들에게 좋은 간식거리를 제공해 준다. 푸르고 시큼한 과일들이 어느 정도 자라 아이들의 눈에 들어오기 시작하면 아이들은 과일들을 찾아 여기 저기 헤매고 돌아다닌다. 가끔씩 과일을 따다가 나무를 꺾는 일도 있어서 야단도 맞지만 배고픈 아이들에게 과일을 따먹지 말라는 것이 불가능하다는 것을 알게 되면서 모른 척 눈감아주었다. '제발 먹고 아프지만 말아라.'라는 바람으로.

과달라하라 소년의 집에는 물심양면으로 도움을 주는 고마운 은인들이 많다. 수천 명 아이들의 대부이신 훌리오씨는 소년의 집 일이라면 밤낮 없이 앞장서서 도움을 주신다. 훌리오씨와의 인연은 1998년 우리가 과달라하라로 이사를 올 때부터다. 시내에서 큰 사업을 하고 있는 훌리오씨는 과달라하라 유지로 정부계, 종교계, 교육계의 모든 사람들과 친분이 두터우며 필요할 때마다 많은 도움을 주신다. 훌리오씨는 외국 수녀들이 멕시코에 와서 당신 나라의 가난한 청소년들에게 무료 교육사업을 하는 것에 대한 감사함과 존경심이 깊다. 많은 은인들을 우리와 연결시켜 주며 부자들이 우리의 사업에 동참하여 봉사할 수 있는 기회를 주신다. 훌리오씨께 산에 과실수를 심고 싶은데 방법이 있는지 여쭈어 보았다. 어느 날 그로부터 전화가 왔다. 농림부장관님과 약속을 잡아 놓았으니 당신의 회사 사무실로 나오라는 것이다. 다음날 바로 농림부장관을 소개 받았다.

장관님은 멕시코의 가난한 청소년들을 위해 큰일을 해주어서 고맙다고 말씀하시면서 필요한 것이 무엇인지를 물었다. 미리 준비해간 몇 가지 요구사항을 전달하였다. 하나는 소년의 집에 있는 비닐하우스에서 토마토를 재배하고 있는데 땅이 좋지 않아 유기농농사로 바꾸려 리모델링이 필요하다. 리모델링을 하려면 많은 경비가 필요한데 지원을 해주었으면 좋겠다고 말씀드렸다. 그리고 뒷산에 과실수를 심을 수 있도록 나무를 지원해 주었으면 좋겠다고 했다. 장관님은 수첩에 우리가 요구하는 내용을 적으며 비닐하우스 리모델링 가능성을 열어주셨다. 멕시코 주 정부는 해마다 농민들을 대상으로 프로젝트를 모집하고 있는데, 통과되면 우리가 원하는 만큼의 지원을 받을 수가 있다고 한다. 서류를 준비해서 접수를 하고 접수번호를 당신에게 알려달라고 하셨다. 과실수와 산에 심을 나무는 한 달 안에 해결해 주시겠다고 하면서 담당자에게 직접 전화까지 걸어주셨다. 함께 간 찰코 소년의 집 1기생 출신 오스칼은 소년의 집 시설관리 책임자인데 다음날 바로 담당자와 만나기로 하였다. '내일의 나라' 멕시코, 언제나 모든 것에서 '내일, 조금 있다가, 나중에'라는 말로 성질 급한 한국 수녀의 심장

을 타게 만드는 사람들이 장관 전화 한 통에 즉시 움직이는 것을 보면서 '권력의 힘이 이런 것이다. 그래서 모두들 권력을 좋아하지.'라며 이해가 되었다.

우리가 농림부에 청할 여러 가지 묘목들의 목록을 작성하였다. 망고나무, 씨루엘라나무, 아보카도나무, 복숭아나무, 소나무 등등.

다음날 오스칼이 과달라하라 사무실에 가서 담당자를 만나 이야기를 하고 묘목를 청하는 서류를 접수하고 돌아왔다. 한 달이 지나고 전화가 왔다. 어떤 장소에 가면 나무가 있으니 우리 차로 가서 싣고 오라고 한다. 그날부터 운전기사들이 집에서 한 시간 거리에 있는 농림부 산하 식물원에 가서 신청한 나무를 가져오기 시작하였다.

첫날 오스칼이 직접 가서 보고 호두나무가 많다면서 산에 호두나무를 심으면 어떻겠느냐고 제의를 했다. 호두나무는 3년이 되면 과일이 열리기 시작한다고 한다. 호두나무에 열매가 달리면 아이들이 산에서 달리다가, 놀다가 맘껏 과일을 따먹을 수 있고, 호두나무는 뇌를 좋게 만들어 주고 치매 예방에도 좋은 과일이어서 모두들 좋아했다. 오스칼이 당담자와 통화를 했더니 삼천 그루의 호두나무를 주겠다고 한다. Oh My God!! 그 엄청난 호두나무를 언제 다 심나. 준다고 하니 받아야 하고 받게 되었으니 심어서 나무를 살려야 했다. 수녀님들과 상의를 해서 아이들 한 명당 한 그루의 호두나무를 심으면 이천 그루는 금방 심을 것 같았다. 그리고 나머지 천 그루는 찰코 소녀의 집에 보내주기로 하였다. 우기철이 되기 전에 구덩이를 먼저 팠다. 땅은 너무 건조해서 삽이 들어가지 않는다. 마침 후원자이신 트락사 회사에서 빌려준 포클레인을 이용하여 날마다 수십 개씩의 웅덩이를 팠다. 아이들은 그 웅덩이에 나무를 심기만 하면 되었다. 호두나무가 자라 아이들이 맘껏 과일을 따먹을 수 있는 날을 상상하는 즐거움이 매우 컸다.

방학 중에 농림부장관님이 부인과 함께 우리 소년의 집을 방문하셨다. 시골 출신이신 장관님은 매우 소박하시고 다정하셨다. 마리아수녀회가 멕시코의 가난한 소년들에게 무상으로 제공하는 교육 사업을 환영하며 멕시코 청소년들에게 밝은 미래를 만들어주어 고맙다고 하신다. 또한 토마토 하우스 프로젝트에 대한 몇 가지 조언도 해주셨다.

날마다 삶이 기적이다. 선의를 가지고 좋은 일을 하는 이들에게 아낌없이 베풀어지는 은총, 그 은총이 비처럼 쏟아진다. 산에 심은 이천 그루의 호두나무는 아이들과 함께 자랄 것이다. 언젠가 때가 되면 우리 모두 떠나겠지. 우리가 떠난 그 자리를 한결같이 지켜주는 것은 나무들일 것이다. 그들은 날마다 조금씩 성장하면서 모든 이야기를 가슴에 품고 또 새로운 사람들이 들어오면 그들과 한 가족이 되어 살아갈 것이다. 내가 함께하지 못하여 경험하지 못할 미래에 펼쳐질 수많은 이야기를 나무들은 다 품고 가겠지. 언젠가 내가 그 자리에 다시 섰을 때 내가 보살펴주었던 나무들은 나를 알아보고 나를 환영해줄까, 아이들과 함께했던 그 수많은 추억을 그들이 풀어내 줄까.

마약에 노출된 아이들

신입생을 받고 얼마 되지 않은 어느 해 8월 브라질 수녀님이 맡고 있는 1학년 아이의 가방에서 마약이 발견되었다. 수녀님은 너무 놀라 매우 당황한 모습으로 작은 봉지를 건네주었다. 수업시간이었지만 바로 아이를 불러 상황을 알아보았다.

에스테판은 16살 된 아이로 키도 크고 몸집도 아주 좋았다. 오아하카주에서 왔는데 초등학교를 졸업한 지 2년이 되었다고 한다. 부모님은 어릴 때 헤어져 어디에 살고 있는지 모르고 할머니와 살면서 2년 동안 시장에서 장사를 하였다고 한다. 일주일에 한번 열리는 시골 장터를 여기저기 돌아다니면서 옷을 팔아 할머니와 생계를 이어갔다. 그런데 너무 어린 에스테판은 육체적으로 일이 고되고 힘들어 자주 지쳤다. 아이가 힘들어 하는 것을 본 시장 사람들이 마리화나를 한번 피워 보라고 권하였다. 마리화나를 피우자 신기하게도 피곤이 사라지면서 힘이 생겼다고 한다. 그때부터 돈이 생기면 자주 마리화나를 사서 피웠다는 것이다.

아동 선발 시험과 인터뷰를 할 때 마약은 사안이 중대하고 위험한 문제이므로 신중을 기해서 선발하는데 아이는 수녀님을 속인 것으로 드러났다. 오늘 발견된 마리화나는 아이가 구입해서 보관해 두었다가 입학식날 가지고 온 것으로 밝혀졌다. 입학식날 옷을 다 갈아입는데 어떻게 그것을 보관할 수 있었는지 묻자 속옷 속에 감추어 왔다고 했다. 아이에게 학교 규칙을 설명하고 마약을 복용하는 사람은 소년의 집 학교에서 공부할 수 없으니 집으로 돌아가야 한다고 했다. 아이는 커다란 눈에 눈물을 줄줄 흘리면서 용서를 청했다. 자신에게 온 교육의 기회를 놓치고 싶지 않다고 하면서 한 번만 기회를 달라고 한다. 이번 기회를 통해 새 사람이 될 것이고 다시는 마약을 하지 않겠다는 것이다. 집에 가면 할머니와 함께 장터를 떠돌아다니면서 장사를 해야 하고 그렇게 되면 자신의 삶은 아무런 희망이 없다는 것이다. 입학해서 한 달도 되지 않았으니 담당 수녀님과 상의를 해서 좀 더 지켜보기로 하고 이번 기회를 통해 완전히 새 사람이 된다는 조건으로 용서를 해주기로 했다. 담당 수녀님은 다음 방학까지 아이를 유심히 관찰을 했으나 특별한 모습은 보이지 않았고, 큰형처럼 책임감을 가지고 수녀님을 잘 도와주며 모범적인 태도로 공부를 했다.

겨울방학 후 집으로 돌아갔던 아이들이 돌아왔다. 2주 정도 시간이 지나 베락크루스에서 온 헤수스라는 아이가 담당 수녀님께 아이들 몇 명이 마리화나를 피운다는 정보를 주었다. 헤수스는 입학 당시 몸무게가 120㎏ 나가는 엄청난 뚱보 소년이었는데 5개월 동안 규칙생활을 하면서 40㎏을 감량한 소년이다. 자존감이 올라가면서 수녀님들에 대한 태도도 밝고 학교생활에 열심이었다.

아이의 이야기를 듣고 수소문 하여 보니 문제의 아이 중 하나가 바로 에스테판이었다. 담당 수녀님이 관찰한 결과 아이의 눈이 매우 충혈되어 있고 자주 머리가 아프다고 했다는 것이다. 어떻게 된 일인지 다시 아이를 불러 묻자 아이는 솔직하게 자신의 잘못을 인정했다.

방학 중 전에 함께 시장에서 어울려 다니던 사람들을 만났는데 그들의 꾐에 빠져 다시 마약을 하게 되었다는 것이다. 그리고 개학해서 돌아올 때 마리화나 한 봉지를 가지고 와서 친구들 몇 명과 나누어 피웠다고 한다. 함께 핀 아이들은 누구이며 어디서 어떻게 피웠는지 하나하나 따져 물었다. 마약이 어린 아이들에게 쉽게 노출되어 있는 나라, 멕시코 최북단 칼리포니아주를 방문했을 때 들은 얘기로는 초등학교 4학년만 되면 아이들이 마약에 손을 대기 시작한다고 했다. 그래서 부모님들은 마약으로부터 아이들을 보호하기 위해 더욱더 규율이 엄격한 우리 학교에 아이들을 보내려고 기를 쓴다고 했다.

에스테판에게 아이들의 명단을 받아 인터뷰를 했다. 대부분 이미 집에서부터 마약을 했던 아이들이었고, 마라톤길에서 에스테판이 자신을 불러 어쩔 수 없이 같이 마리화나를 피웠다고 한다. 그 중에는 미츄아칸주에서 온 소년이 있었다. 아버지의 직업이 경찰이라고 했다. 그런데 아이의 표현에 의하면 아버지는 마약 중독자라고 해서 깜짝 놀랐다. 경찰이면서 마약중독자가 되어 있으니 이 나라의 치안과 안전이 어찌 되겠는가. 아이는 초등학교 때 아버지가 마약하는 것을 보았고 어느 날 아버지께 물었다. "아버지, 매일 피우는 그것이 뭐예요? 무엇 때문에 아버지는 늘 담배를 피우세요?" 아이의 아버지는 "무엇인지 알고 싶으면 너도 한번 피워봐, 왜 내가 이것을 좋아하는지 너도 알게 될 거야."라고 하면서 자신의 아들에게 마약을 권했다고 한다. 아이는 아버지의 권유를 받고 처음으로 마리화나를 접했는데 그때부터 종종 마리화나를 피웠고 학교에 입학하면서 끊었는데 이번에 에스테판의 권유로 피우게 되었다고 했다.

소년의 집 규칙에 퇴학을 시키는 세 가지 규정이 있는데 그 첫 번째가 학교 내에서 마약을 하는 것이다. 가장 두려운 것은 아이들이 마약을 하고 수녀님들을 함부로 대하는 것, 친구들에게 과격한 행동을 하는 것 등 어떤 일이 벌어질지, 어떤 사건에 연루될지 그것이 가장 큰 두려움이다. 가슴 아픈 일이지만 아이들 네 명을 모두 퇴학했다. 이미 용서를 받은 적이 있는 에스테판은 이번에도 용서가 될 줄 알았을까. 아이들은 가난하여 공부할 기회가 없다가 소년의 집에서 좋은 기회를 만났으면서도 기회를 살리지 못하는 것을 보면 가슴이 아프다.

미츄아칸 아이 아버지가 왔다. 자신의 아이가 마약 문제로 더 이상 공부를 할 수 없음을 알리자 정말 아무렇지도 않게 미안하다는 말 한마디 없이 아이를 데리고 가버렸다. 그런 아버지 밑에서 아이는 무엇을 보며 성장할까. 멕시코의 수많은 아이들이 마약의 위험에 노출되어 있다. 그것으로부터 지켜줄 수 있는 방법은 뭘까.

교육을 통해 아이들을 성장 시키고 밝은 미래를 만들어 주기 위한 우리의 노력들이 가끔씩 난관을 겪게 되면 힘을 잃는다. 그래도 긍정성을 발휘해 본다. 우리의 교육과 보호를 받으며 안전지대에 머물며 청소년 시기를 보내는 아이가 많고, 우리와 함께 있는 동안 아이들은 배고프지 않아도 된다. 자신이 좋아하는 일에 몰두할 수 있는 학교가 있음을 인식시킬 교육의 기회가 있음을 감사하며 아픈 마음을 다독인다.

토마토 농사짓기

2008년도에 국가보조금을 받아 과달라하라 소년의 집으로 들어오는 입구의 산을 개간하여 비닐하우스 8동이 세워졌다. 전체 면적이 약 20헥타르 정도 되는 매우 크고 반듯한 하우스 8동을 세우고 그곳에 토마토 농사를 짓기 시작한 것이다.

할리스코주 농림부에서 일거리 창출과 적절한 소득분배를 통해 농부들을 잘살게 하려는 목적으로 해마다 프로젝트를 내놓고 선발된 그룹이나 사람들에게 정부지원금을 대준다. 우리 학교에서도 그해 정부지원금을 받아 비닐하우스를 짓게 되었다. 목적은 아이들에게 토마토 농사짓는 법을 가르쳐 주고, 모든 음식에 주재료로 쓰이는 토마토를 자급자족하기 위한 것이었다. 멕시코 음식은 대부분 토마토를 넣어 만든다. 그렇게 시작한 토마토 농사가 몇 년 후 과달라하라 공동체의 책임 수녀님이 바뀐 후 농사를 짓는 것에 어려움을 느꼈던 수녀님은 토마토 농장을 임대하기 시작했다.

새 소임을 받아 다시 과달라하라로 가던 2013년 소년의 집에서는 농장을 임대해 주고 있었다. 남의 손에 의해 운영되는 하우스는 엉망이고 땅은 많이 파괴되어 있었다. 하우스에 들어가는 물과 전기세까지 우리가 내주었건만 여러 가지 문제를 가지고 와서 자신들이 망친 농사를 우리 탓이라고 하였다. 그 해를 마지막으로 계약을 끝내고 우리가 다시 농사를 짓기로 하였다.

농대를 졸업하고 토마토 농사에 경험이 많은 우리 학교 4기 졸업생 마르틴을 채용하여 하우스 농사를 시작하였다. 마르틴은 게레로에서 온 졸업생으로 빵 공장에서 책임자로 일하고 있는 안토니노의 동생이며 결혼을 해서 부인과 어린 딸과 함께 우리 농원에 있는 집에 와서 살기로 하였다. 마르틴의 안내로 전체 동에 비닐을 다시 씌우고 땅을 갈아엎고 토마토를 심을 준비를 해나갔다. 그리고 토마토 농장에서 실습을 원하는 학생들을 모집했는데 고등학생들이 30여 명 정도 신청을 했다. 직원들이 퇴근하는 4시 30분 정도에 아이들이 농장에 가서 마르틴으로부터 토마토 경작하는 방법을 배우기 시작했다. 아이들이 농사를 짓는 것을 배우는 속도는 학과 공부를 하는 속도보다 훨씬 빠르다. 이미 어릴 때부터 농장에서 일을 배운 아이들은 일에 대한 두려움이 없다. 오후 시간과 토요일 오후 그리고 일요일 오후 시간들을 이용하여 아이들은 토마토를 심고 가꾸는 방법을 배우면서 토마토처럼 실한 기술의 열매를 키워 간다.

토마토는 심은 지 4개월 만에 우리가 충분히 먹고도 남을 만큼의 결실을 주었다. 마침 잘 아는 후원자의 소개로 과달라하라 시장에서 토마토 장사를 하는 상인과 연결이 되어 토마토를 그들에게 팔 수 있었다. 15명의 직원들과 아이들의 도움으로 토마토를 따고, 포장하고, 시장으로 넘기는 작업은 거의 한달 반 동안 계속되었다. 토마토를 팔고 얻은 수익은 토마토 씨앗과 모종값, 비료값, 기타 여러 가지 장비구입비, 그리고 직원들의 인건비까지 줄 수 있을 만큼의 큰 선물이 되어 돌아왔다. 남은 토마토는 과달라하라 소년의 집 아이들과 찰코 소녀의 집 아이들의 몫이 되어 넉넉히 많은 양의 토마토를 먹을 수 있었다.

다음 해에도 토마토 농사를 지어야 하는데 땅이 오염되어 토마토가 제대로 열리지 않을 것이라고 마르틴이 걱정을 했다. 여러 기술자들의 조언을 구하는 중에 스페인에서 온 라울씨가 유기농으로 토마토 농사를 지어 보자고 했다. 유기농으로 농사를 짓게 되면 하우스 시설을 완전히 바꾸어야 하는데 경비가 많이 든다. 그해에 마침 농림부장관을 만나 사정을 이야기하고 정부에서 지원하는 프로젝트에 참여하게 되었다. 장관님은 우리에게 도움이 되는 몇 가지의 피드백을 주셨고, 그분의 지시대로 서류를 접수했다. 장관님은 두 개의 프로젝트를 준비해서 넣으라고 하셨다. 하나가 안 되면 다른 하나는 분명이 될 것이며 접수를 하고 접수번호를 알려 달라고 하셨다. 결국 우리가 넣은 프로젝트가 당선이 되었고 우리가 청구했던 2백만 페소(한국 돈 약 1억 5천만 원)를 받게 되었다. 유기농 토마토 농사를 짓기 위해 대대적인 리모델링이 시작되었다.

긴 과정을 아이들과 함께했다. 그전의 토마토 잔해들을 청소하고 불에 태우고, 비닐봉지에 코코넛을 넣는 일, 나르는 일, 봉지 하나하나에 수도꼭지를 넣는 일 등 아이들이 없었다면 그렇게 빠른 시간 안에 일이 끝나지 않았을 것이다. 아이들을 위해 하는 일이지만 일주일에 한두 번, 한 시간씩 하우스에서 일하는 아이들을 보면서 마음이 편치 않았다. 그래도 좋은 마음으로 자신의 일처럼 협조를 해주던 아이들의 수고와 정성을 생각하면 참으로 대견하다.

아이들을 위해 헌신하는 일은 하늘의 축복이 함께함을 온 마음으로 느낀다. 가난한 이들을 사랑하는 작은 마음들이 모이면 거대한 산을 이룰 수 있다. '티끌 모아 태산'이라는 말이 실현되었다. 정부에서 지원해 주는 관심과 지지, 우리들이 준비하는 가난한 이들을 위한 또 하나의 기회는 일이 늘어나고 신경 써야 할 것들이 하나씩 더 늘어나지만 살아있는 동안 타인을 위해 나를 내놓는다는 것은 아름다운 봉헌이며 희생이다. 아이들은 어른들의 희생과 배려, 사랑을 먹고 자란다. 아이들이 학교를 떠나 수많은 시간을 살아가겠지. 그때 가장 치열했던 사춘기 질풍노도의 시간을, 자신을 다스리고 자신의 힘을 보태 열매 맺었던 토마토의 달콤한 맛을 기억할 것이다. 학교를 사랑하고 자신들에게 돌아올 또 하나의 유익을 위해 그렇게 몇 시간씩 자신의 시간을 희생하여 일을 해준 아이들에게 지금도 감사한 마음이 가득하다.

2.

삶을 축제처럼

아이들의 생일날

성모승천대축일인 8월 15일은 마리아수녀회 창립기념일이다. 내가 마리아수녀회 성소를 체험하기 위해 수녀회에 첫발을 디딘 날도 8월 15일이었다. 현재 한국의 소년의 집 아이들은 각자의 생일에 맞춰 축하를 해주고 파티를 해주지만 그전에는 8월 15일 성모승천대축일에 공동 생일잔치를 하였다. 그날 아이들은 온종일 축하행사를 했다. 미사를 드리고 운동회를 하고 운동회가 끝나면 케이크에 불을 켜고 노래를 부르고 아주 특별한 간식을 먹고 선물도 받았다. 아이들이 기뻐하던 모습이 35년이 지난 지금도 생생하다.

아이의 숫자가 많은 남미 공동체와 필리핀 공동체는 여전히 8월 15일이 되면 아이들 공동 생일잔치를 한다. 아이들이 많아 개개인의 생일을 챙겨줄 수가 없기 때문이다. 신입생들이 들어와 적응하는 8월에 있는 생일파티는 아이들의 마음을 잡을 수 있는 좋은 기회다. 다른 사람을 챙겨주는 일에 전문가인 수녀님들은 일 년에 한번 있는 아이들의 생일잔치를 위해 온갖 정성을 다한다. 아이들의 선물을 구입하는 기간도 만만치 않다. 한두 달 전부터 어떤 선물을 할 것인지 결정을 해서 아이들 숫자대로 구입을 하고 일주일 전부터 담당 수녀님은 아이들의 선물을 싸기 시작한다. 한 수녀님이 200여 명의 소년들과 살고 있으니 선물의 양이 상상을 초월한다. 일주일 동안 짬짬이 틈을 내어 아이들의 선물을 준비하는데 보통 옷 한 벌, 학용품, 책가방, 양말, 속옷, 로션, 초콜릿, 사탕 등 주로 아이들에게 필요하고 받으면 기쁜 것으로 선물을 준비한다.

생일 전날 아이들이 잠든 시간을 틈타 수녀님들은 생활실의 큰 형님들과 몇몇 소년들의 도움으로 온 층과 생활실을 예쁘게 꾸민다. 풍선으로 온갖 장식을 하고 그림을 그리고 사진을 붙이고 각 층별로 가장 아름답고 행복한 생일 풍경을 연출한다. 생일날 아침 기상 음악으로 마냐니따(Mañanita)음악을 틀어주면 아이들이 흥분하기 시작한다. 아침식사는 주로 멕시코 명절에 먹는 타말(옥수수 떡 종류)과 따뜻한 아똘레(Atole)를 먹는다. 타말은 멕시칸들이 명절이나 특별한 축일에 먹는 음식이다. 주방에서는 이천 명의 소년들이 먹을 타말을 만들고 찌는데 거의 밤을 새우다시피 한다. 그런 수고를 통해 아이들에게 주어지는 음식이 참으로 달고 맛있다.

오전에 미사를 하고 아이들을 위해 어른들이 준비한 예술제를 시작한다. 밤새도록 온갖 풍선과 그림들로 꾸며놓은 체육관은 완전히 축제 분위기다. 합주부의 마냐니따 연주로 함께 생일 축하 노래를 부르고 학교 선생님들은 아이들을 위해 여러 가지 노래와 춤으로 축하 무대를 만든다. 한국 사회와 달리 멕시코 선생님들은 아이들 앞에서 춤추고 노래 부르는 것을 아주 즐거워하고 즐긴다. 평소에 좋아하던 선생님들이 자신들을 위해 노래하고 춤추는 모습에 아이들은 환호를 한다. 생일파티 예술제의 하이라이트는 수녀님들이다. 수녀님들은 아이들의 생일축하를 위해 무대에 오른다. 그동안 갈고 닦은 실력을 아이들 앞에서 보여주는데 수녀님들 동작 하나하나에 아이들의 환호가 상상을 초월한다. 그 해에는 태권도 유단자 수녀님들이 태권도 시범을 보였다. 태권도복으로 갈아입고 절제된 동작으로 강판을 가르고, 태권도 시범을 보이는 수녀님들 앞에 아이들, 특히 일학년들이 충격을 받은 듯하다. 수녀님들이 태권도를 한다는 것은 알았지만 평소와는 너무나 다른 모습으로 절도 있고 힘 있게 태권도를 하는 모습을 보면서 아이들은 어떤 생각을 했을까.

'아, 수녀님들 말을 잘 들어야 하겠구나. 잘못했다가는 큰일 나겠다.' 이런 생각을 하고 잘 살아주기를 결심했더라면 얼마나 좋았을까. 이어서 공연되는 수녀님들의 노래와 춤은 태권도를 보여주던 모습과 완전히 대조적으로 부드럽고 여성스러우며 아름답다. 자신들을 위해 이렇게 애를 써주는 수녀님은 아이들에게 천사다.

예술제가 끝나면 점심식사를 한다. 점심은 멕시코 잔치 음식인 전통 닭요리 몰레를 코카콜라와 함께 먹는다. 몰레는 온 국민이 사랑하는 멕시코 전통요리이다. 산골마을에서 살았던 1학년 신입생들은 몰레와 생전 처음으로 마셔보는 코카콜라로 인해 잠시 고향의 그리움을 잊기도 한다. 점심식사와 함께 아이들이 받는 선물, 태어나서 처음으로 받아 보는 선물을 안고 어떤 아이들은 감동에 울기도 한다. 오후가 되면 선물로 받은 새 옷으로 갈아입고 운동장에 모여 각 학년별로 운동 시합을 한다. 축구, 농구, 달리기, 배구, 여러 가지 게임 등 어느 때는 수녀님들을 초대하여 아이들과 함께 달리기도 한다. 운동이 끝나고 오후 3시 간식시간이 되면 아이들은 케이크를 먹는다. 이날을 위해 며칠 전부터 빵공장에서는 케이크를 굽고 데코레이션 작업을 하며 매우 분주하였다. 생크림과 온갖 열대과일로 만들어진 세상에서 가장 맛있는 케이크를 먹는다. 케이크와 함께 먹는 아이스크림, 한국처럼 물질이 풍부하고 먹을거리가 풍부한 나라에서 케이크와 아이스크림은 아무것도 아니지만 가난한 멕시코 아이들에게는 꿈같은 간식거리다. 어떤 아이들은 처음으로 먹어보는 케이크과 아이스크림을 받고 감동의 눈물을 흘리기도 한다.

저녁을 먹고 아이들이 찾는다고 하여 나가보니 1~2학년 아이들이 건물 앞에 줄 서서 모여 있다. 아이들은 오늘 하루의 선물에 대한 감사를 하기 위해 모인 것이다. 감사 선물로 아이들이 다 같이 노래를 부른다. 이날 아이들은 하루 종일 "무차스 그라시아스 마드레(어머니 감사합니다!)"를 입에 달고 산다. 처음으로 생일파티를 받아 본 아이들이 보이는 반응이 참으로 다채롭다. 순수한 일학년들은 살짝 다가와 볼에 입을 맞추기도 하고, 손에 입을 맞추기도 한다. 안아주는 아이, 눈물 흘리는 아이, 감정을 스스럼없이 표현하는 아이들이다. 밤이 되면 아이들이 좋아하는 영화를 본다. 영화를 보면서 손에 사브리따 과자 한 봉씩을 안겨주면 생일날의 풀서비스는 끝이 난다. 아이들은 자신의 생애에서 가장 아름다웠던 8월 15일의 생일을 늘 기억할 것이다.

하루 종일 아이들 곁을 한시도 떠나지 않았던 기쁨, 웃음, 감사 등 긍정적인 생각들 모두가 꽃이다. 모든 나라들이 그렇겠지만 특히 멕시칸들에게 생일날은 아주 특별하고 소중한 날이다. 아이들이 살아가는 동안 해마다 자신이 태어난 날을 기념할 것이다. 그때마다 사춘기 시절 수녀님들과 함께했던 아주 특별한 생일을 잊지 못할 것이다.

그래서일까, 학교를 사랑하는 졸업생들은 모임을 통하여 돈을 모으고 선물을 준비하여 아이들 생일날이 되면 학교를 방문한다. 밤새도록 체육관을 장식하고 아이들 한 명 한 명을 위해 정성껏 준비해온 선물을 나누어준다. 훌쩍 커버린 졸업생들 가슴에 아름다운 추억의 한 페이지로 장식되어 있는 아주 특별한 생일날, 그 날을 다시 기념하고 싶어서 일부러 멀리에서 찾아오는 졸업생, 그들과 재학생의 기쁜 만남이 즉석에서 이루어지고 식사도 하고 경기도 하면서 선, 후배 간의 돈독한 정을 쌓는다. 행사에 참석한 졸업생들의 기쁨과 재학생의 기쁨이 하나가 되어 넓은 소년의 집 구석구석까지 깊이 스며들면 살아갈 기운을 얻고 내일을 향한 힘찬 발걸음이 시작된다.

아이들의 면회 날

"좋아서요."

매년 5월 첫 일요일은 학부모님의 방문 날이다. 1년에 단 한 번 멕시코의 32개 주에 살고 있는 학부모님들이 아이들을 만나러 오고, 아이들은 한 달 전부터 면회 날을 준비한다.

5월에 있는 어머니날을 기념하기 위해 카드를 만들고 편지를 쓰고 그림을 그린다. 그렇게 잘 먹던 밥의 양이 조금씩 줄기 시작하고 가만히 있어도 아이들의 얼굴에서 빛이 난다. 아이들 표현 방법대로 소년의 집에서 부모님의 향기가 나기 시작한다. 공부를 위해 가족과 멀리 떨어져 살고 있는 아이들과 부모님들과의 만남인 '면회 날'은 소년의 집 연중행사다. 부모님들과 친척들은 이날 자신의 아이들이 어떤 환경에서 살고 있으며 누구와 사는지 어떻게 살고 있는지 알 수 있다.

가장 가까이에 사는 아이들의 부모님은 한 시간 거리인 과달라

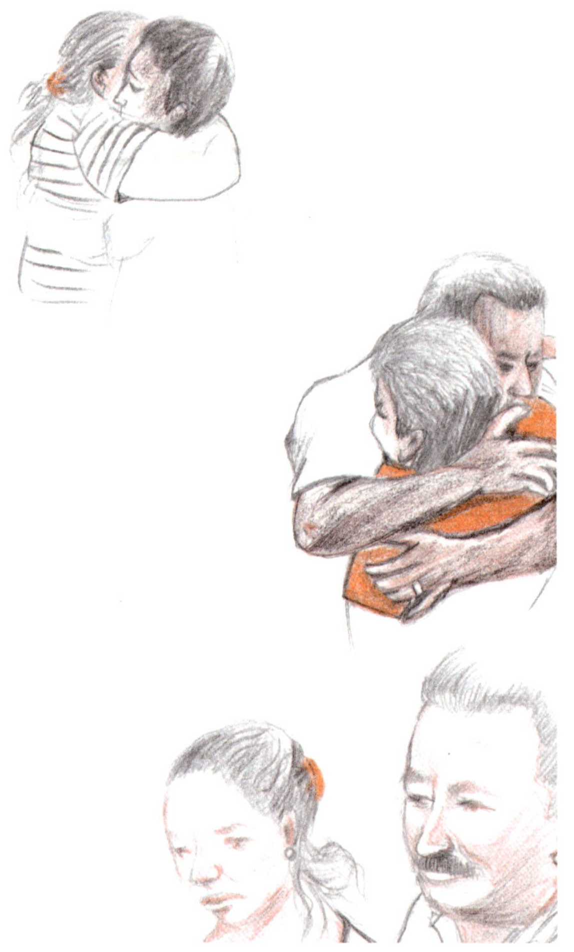

하라 시내이지만 가장 멀리 떨어져 살고 있는 부모님은 버스로 36시간 걸리는 멕시코 최북단 바하 캘리포니아에서 온다. 바하 캘리포니아에서도 버스를 타고 6시간 정도 더 들어가야 아이들이 살고 있는 마을이 있다. 수녀님들은 아이들을 모집하기 위해 일 년에 한 번씩 정기적으로 그 먼 지방까지 다녀온다. 미국과 국경을 이루고 있는 지역의 아이들이라 영어를 할 줄 아는 아이도 더러 있다. 남쪽 지방 가장 먼 거리에서 온 부모님은 27시간 거리에 있는 유카탄 반도나 캄페체 반도에서 온다.

부모님은 이날을 위해 1년 전부터 준비를 한다. 돼지를 키우고 닭, 거위, 양도 키워 면회 때가 되면 그것들을 팔아 차비를 마련하고 아이들 간식거리며 먹거리를 장만한다. 한 아이에게 면회를 오는 가족은 평균 6~7명, 하루에 만 사천여 명의 사람들이 소년의 집 안에서 축제를 지낸다. 부모님과 함께 새벽미사를 봉헌하고 아이들이 아침식사를 하러 가는 동안 수녀님들은 부모님들에게 여러 가지 안내를 하고 교리까지 가르친다. 식사 후 아이들은 학년별로 정해진 장소에서 부모님과 상봉하는데 그 모습이 감동이다. 멕시칸들의 자녀 사랑법이 특별하고 유별나서 유교적인 관념이 남아 있는 우리에게는 생소하지만 한편으로는 부럽기도 하다. 아이들을 부를 때 내 사랑, 내 생명, 내 하늘, 내 심장이라고 부르며 사춘기 청소년들을 꼭 끌어안고 베소(입맞춤)를 하고 한바탕 눈물바다를 이룬다. 아이들의 기쁨이 얼마나 큰지 가늠할 수조차 없다.

아침 9시부터 시작되는 면회, 부모님들은 아이들이 좋아하는 음식을 꺼내 놓고 생일 파티도 하고 축일파티, 성인식도 한다. 어떤 가족은 작은 주방을 옮겨 온 듯 온갖 주방기구들이 즐비하다. 여기 저기 엄마들의 사랑표현이 음식으로 이어진다. 장작불을 피워 직접 농사지은 옥수수가루로 만드는 엄마표 토르티자는 날마다 소년의 집에서 먹는 맛과 다르다. 아무리 불을 피우지 못하게 해도 아랑곳하지 않는 용감한 엄마의 아들 사랑 앞에 우리는 속수무책이다. 극성맞은 엄마들의 사랑방법은 국적을 불문하고 똑같다. 이날 우리 창고는 멕시코 여러 주에서 올라온 갖가지 선물들로 채워진다. 온갖 과일, 바나나, 망고, 빠빠야, 커피, 설탕, 콩, 어떤 부모님은 살아있는 닭이나 오리를 가져오기도 한다. 1년에 한 번 그들이 학교를 운영하는 수녀님들을 향해 감사의 표시를 할 수 있는 이날, 주는 이들도 받는 이들도 기쁨이 넘친다. 지역별로 모여 앉아 오랜만에 그들만의 전통 언어로 이야기하는, 아름다운 축제를 지내는 모습은 보기에도 흐뭇하다.

서로 다른 지역 전통의상을 입고 서로 다른 언어를 쓰고 서로 다른 음식을 먹고, 돌아다니는 수녀님들을 불러 점심을 대접하는 모습, 과일 하나를 손에 쥐어 주는 모습, 모두가 행복한 하루다. 이날 학부모님들이 타고 오는 버스가 약 50대~60대 정도가 되는데 각 마을별로 버스를 대절하면 교통비를 절약할 수 있어서 좋다고 한다. 지방에 살고 있는 졸업생들은 이런 기회를 놓치지 않는다. 사춘기 시절을 보낸 멀리 있는 학교를 그리워하다가 면회 날 마을 사람들과 함께 학교를 방문한다. 얼마나 그리워했는지 얼마나 보고 싶어 했는지 그들의 표현을 통해 알 수 있다. 아이에서 성인으로 변화되는 과정, 그 어려운 사춘기 시절을 수녀님들과 함께 보낸 아이들은 많은 추억들로 행복해하고 감사하고 기뻐한다. 수녀님들은 열심히 살아가고 있는 졸업생을 보면서 많은 위안과 보람을 느낀다.

멕시코는 여자 나이 15세가 되면 '퀸세네라(Puincenera)'라는 '성인식'을 아주 거창하게 한다. 이때부터 아이는 부모님으로부터 독립할 수 있고 법적으로 부모 동의 없이 결혼도 할 수 있다. 찰코에 있는 여학생들은 면회 날을 이용해서 성인식을 한다. 하얀 드레스를 입고 케이크를 먹고 기념사진도 찍고, 가족들이 모두 축하해 준다. 보통 집에서 성인식을 할 때는 미사로 시작되는 축제가 하루 낮과 하루 밤을 춤추고 먹고 마시는 동네 축제로 진행된다. 성인식을 마치면 아이들은 공식적으로 애인(Novio)을 갖게 되는데 그 관계가 한국적인 개념으로 이해하기가 조금 민망하고 어렵다.

멕시코의 대부분의 아이들은 4~5세가 되면 벌써 애인을 갖기 시작한다. 그런 아이들이 남자 기숙사에서 애인 없이 지내다 방학을 해서 집에 가면 첫 번째 하는 일이 애인을 만드는 것이라고 한다. 마음에 드는 여자를 만나면 "너 내 애인 할래."라고 묻고 동의를 하면 그때부터 그들은 애인 관계를 맺는다. 도시에서 유학하고 있는 멋진 소년의 집 아이, 그것도 수녀님들이 운영하는 기숙학교에서 제대로 공부하고 있는 아이가 애인 하자고 하면 싫다고 하는 아이가 거의 없다고 한다. 그래서 면회 날 부모님들과 함께 아이

들의 애인이 방문하는 경우가 있는데 수녀님들은 이날 아이들이 사고를 치지 않도록 눈에 불을 켜고 감시를 한다.

그해 면회 날 고등학교 5학년 루이스가 일을 저지르고 말았다. 종일 예쁜 여자아이와 손을 잡고 다니는 것을 목격한 수녀님들이 몇 번 눈총을 주었는데 헤어지는 시간에 사람들이 보고 있음에도 불구하고 그 여자아이와 입을 맞춘 것이다. 수녀님들이 직접 보았으니 아이는 딱히 드러낼 변명이 없다. 기겁을 한 담당 수녀님이 가족들이 다 돌아간 후 아이를 데리고 사무실에 왔다. 야단치는 이유가 민망하다. 아이에 대한 판단을 보류하며 아이의 입장을 들어보기로 한다. "학교 안에서는 그런 행동 하지 않기로 되어 있는데 어쩌다 그랬어?" "좋아서요." 좋아서 그런걸, 이들에게는 이것이 그냥 자연스런 하나의 행동인 걸, '수녀들과 산다는 이유로 수많은 제재를 받으며 사춘기를 보낸다고 너도 힘들겠구나.' 생각하면서 앞으로 살아가면서 어떤 사람을 용서해야 할 상황이 생겼을 때 조건 없이 용서해 주는 조건으로 아이를 용서해 주었다.

그런 웃지못할 에피소드가 있었던 아이는 졸업을 했고 취업을 해서 사회생활을 잘하고 있다고 한다. 여자와 입 맞추면 퇴학될 줄 알았는데 조건 없이 용서를 받고 고등학교를 졸업시켜 주어서 고맙다며 안부를 전해온다. 면회 날 모든 신경을 곤두세우며 아이들이 성 문란에 빠지지 않도록 애썼던 그리움의 시간들, 해프닝을 함께했던 수녀님들의 노고가 고맙다.

성주간

멕시코의 모든 학교는 부활절 주일을 전후로 한 주씩 3주간의 방학을 한다. 우리는 사립학교 특성상 성주간 4~5일 정도 방학을 하며 아이들은 수녀님들과 함께 시간을 보낸다.

성주간(Semana Santa, 聖週間) 또는 수난주간(受難週間)은 가톨릭에서 예수의 생애 마지막 일주일을 묵상하는 교회력 절기이다. 예수께서 제자들과 함께 최후의 만찬을 갖기 위해 나귀를 타고 예루살렘에 입성하심을 기념하는 주님수난성지 주일로 시작하며, 성토요일(부활전날)로 마친다.

성주간 중에서 성삼일, 주님 만찬 성목요일(Jueves Santo), 주님 수난 성금요일(Viernes Santo), 성토요일(Sabado Santo)까지 아이들은 매우 엄숙하고 뜻깊게 보내고 부활주일을 맞는다. 주님수난성지주일 미사는 가톨릭 국가에서만 볼 수 있고 참으로 아름답고 특별하다. 성지주일은 복음에서 예수님께서 나귀를 타고 예루살렘에 들어가실 때 예루살렘 백성들이 종려나무 가지를 들고 '호산나 호산나' 노래를 부르던 장면을 그대로 연출을 한다. 모든 가톨릭 성당에서는 하루 전에 '빨마가지'라고도 하는 성지가지를 준비한다. 우리나라처럼 측백나무를 자른 단순한 것이 아닌 빨마가지로 멋지게 단장한 작품 하나를 만들어낸다.

해마다 성주간 주일이 오면 예식을 거행한다. 담당 수녀님은 이른 새벽시장, 혹은 하루 전에 시내에 나가서 몇 다발의 빨마가지를 구입해 온다. 빨마가지를 아이들 숫자대로 나누어 주면 아이들은 고향에서 보고 배웠던 대로 빨마가지를 접고 예쁘게 장식한다. 각자가 만드는 모양이 다르고 솜씨도 다르다. 그날은 화단에 있는 꽃들이 수난을 겪는 날이다. 자신들이 만든 빨마가지에 꽃 한 송이씩 꽂는다. 그것을 가지고 줄을 서서 예수님처럼 나귀를 타고 입장하는 사제를 향해 호산나 노래를 부른다. 마치 예수님께서 예루살렘에 들어가실 때 호산나를 불렀던 백성들처럼.

중학생들이 살고 있는 2빌딩에서 체육관까지는 약 600m정도가 된다. 2빌딩 앞에서 시작되는 순례(Peregrinación)는 체육관까지 이어지는데 고등학생 아이들이 도로 양쪽 옆으로 빨마가지를 들고 서서 사제의 입장을 기다린다. 사제는 나귀를 타고 복사들의 도움을 받으면서 천천히 체육관을 향해 간다. 사제 뒤로는 열두 사도로 분장한 학생들이 노래를 부르며 신부님의 행렬을 따른다. 길가에 늘어선 학생들은 호산나 노래를 부르면서 마치 이천 년 전 예수님께서 예루살렘에 입성하심을 환영하듯 신부님을 환영하고 기

빠한다.

우리 집에서 하는 신심이 이 정도면 아이들이 살고 있는 시골 마을의 신심은 더 대단하다. 인디언 마을의 성지주일 행사는 남녀노소가 전통복장을 입고 빨마가지를 준비해서 마을 입구에서부터 성당을 향해 순례를 한다. 삶과 종교가 하나인 사람들, 어려움이 있어도 삶 안에서 신앙 안에서 해결하려고 노력하기 때문에 그들의 삶은 더 여유롭고 차분한 것 같다. 삶과 죽음을 하나의 사건으로 보고 죽음을 통해 영원한 삶이 시작되는 것을 삶에서 실천하고 있는 이들은, 예수님께서 죽음을 맞이하기 위해 예루살렘에 입성하는 것을 영원한 생명을 향한 발걸음으로 여긴다.

멕시코의 모든 가톨릭 성당에서 벌어지는 성주간 일요일의 축제는 신을 향한 인간의 사랑과 존경과 신뢰를 드러내는 아름다운 실천이다.

성주간 중에서 성목요일에는 오후 7시 아이들과 예수님의 최후의 만찬미사를 드리고 밤새 예수님 수난 무덤이 꾸며진 성당에서 차례로 돌아가면서 기도를 한다.

금요일은 예수님께서 돌아가신 날로 아이들은 대부분 침묵 속에 하루를 보낸다. 그렇게 좋아하는 운동도 하지 않고 교리하고 기도하고 성경책 읽고 층별로 예수님께서 걸으셨던 십자가의 길을 걷는다. 에너지가 넘치는 아이들이 침묵 속에 머물며 예수님의 고통을 묵상하며 나무 밑에 둘러앉아 성경을 읽고 있는 모습이나 성당에서 기도를 오랫동안 하는 모습에서 신앙이 아이들 안에 그대로 스며져 있음을 보게 된다.

찰코 소녀의 집과 가까운 에스타 빨루까라는 동네에서는 해마다 한 사람이 자원하여 직접 십자가를 지고 가서 손과 발에 못을 박는 실제의 광경이 벌어지는데 TV에서 생중계를 하기도 한다. 손과 발에 못을 박은 상태에서 오래 참는 사람이 5분 정도라고 한다. 어느 해는 3분 만에 내려온 사람도 있고 2분 만에 내려온 사람도 있다. 그들은 예수님의 고통과 수난에 동참하면서 그분의 고난을 온몸으로 체험해 보고자 하는 약간의 무모한 열정이 있는 민족처럼 보인다.

2015년에는 고등학교 졸업반 학생들이 십자가의 길을 준비해서 전교생을 초대하여 예수님께서 걸으셨던 십자가의 길을 함께 걷기로 하였다. 고등학교 3학년 학생들이 예수님 시대의 모습을 재현하기 위해 소품을 만든다. 로마병사의 옷, 열두 제자의 의상, 창과 방패, 칼 같은 것을 만든다. 넉넉하지 않은 재료를 사용하다 보니 온갖 것이 다 동원된다. 이날은 산에 방목된 말들이 특별초대를 받아 병사들을 태워 예수님의 수난의 길에 동행을 한다. 그날 선택된 아이들은 예수님과 성경에 나오는 주인공으로 각자의 역할에 맞는 옷을 입고 빌라도로 뽑힌 아이는 머리까지 완전히 밀었다. 예수님이 십자가를 지고 천천히 걷는 그 길에 로마병사들은 말을 타고 그 옆에서 잔인하게 소리를 지르고 매질을 한다. 아이들은 예수님 시대의 예루살렘 백성이 되어 소리를 지르기도 하고 예수님 편을 들어 주기도 한다. 십자가의 길을 걷는데 한 시간 이상 소요가 되었다. 모두가 함께 모인 체육관, 예수님은 십자가에 못 박혀 높이 세워 올려졌다. 불이 꺼지고 십자가 위에 설치해 놓은 전기를 이용하여 만든 번개가 번쩍이고 천둥소리가 나면서 예수님은 죽음을 맞이한다. 전교생이 함께하는 십자가의 기도는 참으로 감동스러웠다.

멕시코 아이들은 모두 다 배우기질을 가지고 태어난 것일까. 한 명, 한 명 보여주는 연기는 진지하고 정성이 가득하다. 저학년들이 형들의 모습을 보면서 다른 해가 되면 똑같은 신심을 갖고 후배들을 위해 이날을 준비해 줄 것이다. 행사가 끝나고 성금요일 십자가 경배 예절을 마치면 집안은 침묵 속으로 다시 빠져든다. 예수님이 부활하시는 그 다음날까지 아이들은 조심하고 경건한 시간을 갖는다. 그렇게 맞이하는 부활절은 아이들에게 축제다. 죽음을 온몸으로 경험한 시간을 통해 새 생명의 기쁨은 꽃으로 피어난다.

부활 미사를 통해 새로운 생명의 신비, 우리도 부활할 수 있음을 믿으며 아이들은 깊은 신앙과 함께 성장한다. 삶과 신앙이 함께 어우러져 살고 있는 이들의 모습은 죽음은 곧 영원한 생명을 여는 문임을 말이 아닌 모습으로 가르쳐준다. 죽어야만 살 수 있는, 죽음의 터널을 지나야만 영원한 삶으로 들어가는 삶의 여정을 묵묵히 걷고 있는 이들의 삶은 많은 감동을 주고 가르침을 준다.

순례자의 길(Peregrinación)

3월 16일은 마리아수녀회와 소년의 집 창설 신부님(가경자 소알로이시오 몬시뇰 1930~1992)께서 하늘나라의 별이 되신 날이다. 2016년 멕시코 소년의 집 졸업생들이 모여 신부님 선종 24주기 기념미사와 순례를 준비하였다. 찰코 소녀들과 과달라하라 소년들이 초대되었다. 우리 학교에서 교사로 일하고 있는 졸업생, 과달라하라에서 직장을 다니는 졸업생과 그들의 자녀들이 모여 3월 5일 밤, 전세버스로 멕시코시티로 향했다. 버스는 밤새도록 달려 새벽 6시쯤에 과달루페 바실리까 성지에 도착했다. 태어나 처음으로 멕시코시티에 올라온 아이들은 기뻐서 어쩔 줄 모르고 과달루페 성모님께 인사를 드리고 자신을 소개할 생각으로 들떠 있었다. 밤새도록 힘든 여행길이었지만 지친 기색이 전혀 보이지 않는다. 준비해간 빵으로 아침 식사를 하고 과달루페 성지순례 길이 시작되는 지점으로 갔다. 멕시코시티에는 과달루페 성지를 향하는 순례길이 마련되어 있고 날마다 전국 각지에서 오는 순례객들이 이 길을 따라 과달루페 성모님을 만나러 간다.

6㎞가 넘는 순례길은 여러 지방과 도시에서 온 순례자들로 늘 붐빈다. 많은 순례자들은 그들의 전통복장을 하고 전통춤과 노래를 부르고 기도를 드리면서 이 길을 걸어 과달루페 성지에 도착을 한다. 성지 마당에 도착하면 신심 깊은 사람들은 무릎걸음으로 성전에 들어간다. 약 1,000m가 넘는 그 길을 무릎걸음으로 가는 사람들의 모습에서 그들의 신앙, 성모님에 대한 깊은 사랑을 볼 수 있다. 각자가 준비해온 봉헌물(꽃, 과일, 그림들)을 어깨에 매고 멕시코 땅에 내려오신 성모마리아께 인사를 하러 간다.

우리가 순례길 초입에 갔을 때 수백 명의 졸업생들이 모여 있었다. 멕시코, 과테말라, 필리핀, 브라질 졸업생들도 눈에 띄었다. 졸업생을 관리하는 멕시코 수녀님의 지도로 기수별로 줄을 서서 기도를 하면서 순례를 시작하였다. 찰코 졸업생들과 과달라하라 졸업생들이 함께 모여 성모님을 찬미하는 플래카드와 봉헌물을 준비해왔다. 수녀님 곁에 서서 걷고 있는 찰코 1기생 이스라엘은 성모님께 봉헌할 큰 과일바구니를 어깨에 메고 졸업생들의 손에는 예쁜 꽃들도 들려 있었다.

그날 23년 전에 찰코 소년의 집에서 졸업한 1기 졸업생들을 만났다.

그들과의 만남은 아주 특별했다. 나는 1992~1994년까지 찰코 소년의 집 1기들의 담당 수녀였다. 멕시코 찰코의 1기생 소년 소녀들은 유일하게 알로이시오 신부님을 직접 뵙고 함께한 추억을 가지고 있다. 멕시코 소년의 집을 창립할 당시 알로이시오 신부님은 루게릭병 시한부 판정을 받으셨고 병마와 싸우며 휠체어에 의지하여 여러 차례 멕시코를 방문하셨다. 신부님의 고통스러워하는 모습을 직접 목격한 찰코 소년의 집 1기생들은 알로이시오 신부님에 대한 사랑과 애정이 매우 각별하다. 졸업생들은 나를 보자 20년 전으로 거슬러 올라가 여러 가지 기억과 추억들을 꺼내놓기 시작한다.

92년도 선교사로 처음 멕시코에 갔을 때 인연을 맺고 가장 힘들고 어려웠던 시기를 함께 보낸 아이들, 알로이시오 신부님께서 돌아가신 날 함께 울면서 미사를 드렸던 기억도 새롭다. 스페인어를 배우는 과정에서 벌어진 웃지 못 할 많은 에피소드를 하나씩 꺼내면서 웃었다. 이제 모두 중년의 나이가 된 졸업생들, 사회적으로 성공한 졸업생도 있고 아직 결혼하지 않은 졸업생들도 있었다. 오랜만에 함께 걷는 순례의 길은 23년 세월을 훌쩍 뛰어넘어 늘 만나왔던 사람들처럼 편안하고 마음이 따뜻해지는 시간이었다.

미사주례는 찰코교구의 주교님께서 주관하시고 우리 학교 출신 신부님들께서 함께 동행하셨다. 찰코와 과달라하라 졸업생으로 구성된 합주부가 미사 반주를 맡아 주었는데 매우 특별한 모임이었다. 알로이시오 신부님이 창설한 공동체가 아니면 평생을 모르고 지냈을 아이들, 소년의 집과 가족의 인연을 맺고 알로이시오 신부님의 사랑과 은혜에 특별한 감사를 드리는 시간이 진정한 은총의 시간이었다. 찰코 여학생 3천 명과 함께 부르는 성가는 아름답고 거룩하게 대성전을 꽉 채웠다. 성지 전체가 우리 아이들이 입고 있는 하늘색 교복으로 물들었다. 미사 후에 성전 앞마당에서 공연이 펼쳐졌다. 멕시칸들은 미사를 마치면 각 지방에서 준비한 다양한 전통춤으로 과달루페 성모님께 대한 사랑과 존경을 드러낸다. 우리 아이들도 준비한 여러 가지 춤과 노래로 성모님께 창설 신부님을 통해서 베풀어 주신 은혜에 감사를 드렸다. 수천 명의 사람들이 모여 공연을 관람하고 박수를 쳐주었다. 공연을 보는 사람이나 공연을 하는 사람이나 이런 인연으로 우리가 하나 될 것을 그들은 알았을까. 한 사람이 잠깐 왔다 간 세상에 참으로 많은 것들이 남았다. 멕시코에 간직된 알로이시오 신부님의 사랑과 봉사는 여전히 세상을 향해 아름답게 퍼져가고 있으며, 아이들은 신부님의 생애와 사랑의 실천을 기념하며 역사의 한 페이지를 장식하고 있었다. 소년의 집 졸업생이 가지고 있는 자부심, 소년의 집 출신이라는 사실이 당당한 아이들, 그들의 삶에 늘 축복이 함께하길 기도한다.

아이들이 존경하는 알로이시오 신부님께서 우리 모두의 염원대로 성인품에 오르셔서 가난한 이들의 참피온으로 존경을 받고 세상의 많은 가톨릭 신자들의 귀감이 되시길 진심으로 기도한다.

성탄 posada

9월 되면 벌써 멕시코는 성탄 준비가 시작된다. 쇼핑몰과 백화점거리에서도 성탄 준비를 하느라 매우 분주하다. 성탄절은 멕시코에서 가장 큰 국가 축제다.

멕시코 사람들은 성탄이 되면 고향을 떠나 객지 생활을 하는 사람들도 고향으로 모인다. 마치 우리나라의 추석이나 설처럼 도회지로 나간 자녀들이 고향집에 모여 성탄절을 가족과 함께 지낸다. 그들이 성탄절에 먹는 특별 음식은 칠면조요리다. 대부분의 도시 사람들은 칠면조요리를 쇼핑센터에서 구입하지만 가난한 이들은 평생 칠면조고기 맛도 보지 못한다고 한다. 부자들은 칠면조를 먹으며 성탄을 즐기고 있는 사이 가난한 이들은 집에서 키운 닭고기로 가족과 둘러앉아 성탄 음식을 먹는다.

우리 학교 아이들은 성탄 5일 전 방학을 하고 집으로 돌아간다. 성탄절을 가족들과 함께 보낼 수 있도록 방학을 앞당겨 아이들을 집으로 보낸다. 11월 말이 되면 집안 가득 성탄의 분위기가 물씬 난다. 아이들은 층별로 성탄 장식을 하는데 산에서 가지고 온 나무로 크리스마스트리를 만들고 손으로 직접 만든 여러 가지 장식을 달아 놓기도 한다. 아이들과 함께 성탄을 함께 지내지 못하는 까닭에 방학 전에 성탄 음식을 먹고 축제를 하고 선물도 미리 준다.

아이들과 함께 멕시코의 전통에 따라 포사다(posada)를 하는데 포사다는 동정 마리아와 요셉이 아기예수의 탄생 위해 예루살렘에 도착하여 머물 방을 찾는 과정을 재현하는 것이다. 해마다 수녀님 한 사람이 성모 마리아 분장을 하고 고등학교 5학년에서 성 요셉을 뽑는다. 1학년 아이들은 천사로 분장을 하고 원하는 아이들 중에서 목자를 뽑아 마리아와 요셉을 동행한다. 합주부 학생들은 행렬의 가장 앞쪽에 서서 연주를 하고 노래를 한다. 아이들은 학년별로 서로 다른 빌딩에 모여 베들레헴의 여관 주인 역할을 한다. 빌딩 안에서 문을 굳게 닫아 걸고 기다리면 당나귀에 오른 마리아와 요셉이 의상을 갖춰 입고 각 건물을 돌며 문을 두드리고 방을 구하며 다음과 같은 노래를 부른다.

> 요셉: 천국의 이름으로 당신에게 머물 곳을 청합니다. 나의 사랑하는 아내는 더 이상 걸을 수가 없습니다.
>
> En nombre del cielo/ os pido posada/ pues no puede andar/ mi esposa amada.
>
> 여관주인: 여기는 여관이 아니야. 계속 걸어가라. 나는 문을 열 수가 없다. 도적이 되지 말라.

Aquí no es meson /sigan adelante, /yo no puedo abrir /no sea algún tunante.

방이 없다며 아무도 마리아와 요셉을 받아 주지 않는다. 다음 여관으로 발길을 옮긴 일행은 다음의 노래를 부른다.

요셉: 비인간적인 사람이 되지 마세요. 우리에게 자비를 베푸세요. 하느님께서 당신에게 상을 줄 것입니다

No seas inhumano, /tennos caridad, /que el Dios de los cielos /te lo premiara.

여관주인: 나는 지금 나갈 수 없어 방해하지 마라. 나를 화나게 하면 나는 당신들을 때릴 수도 있다.

Ya se pueden ir /y no molestar /Porque si me enfado /los voy a apalear.

사람들의 냉대와 무시를 받은 요셉은 이렇게 노래한다.

요셉: 내 아내는 마리아입니다. 그녀는 하늘의 여왕이며 지극히 높으신 이의 어머니가 될 것입니다.

Mi esposa es María /es Reina del Cielo /y madre va a ser /del Divino Verbo

발걸음을 돌려 중학교 1학년들이 있는 체육관으로 향한다. 체육관에서 기다리던 아이들이 노래를 부른다.

여관주인: 당신이 호세인가요? 당신이 마리아인가요? 들어오세요. 순례자들, 나는 당신들이 누구인지 몰랐습니다.

¿Eres tu Jose?/ Tu esposa es María?/ Entren, peregrinos/ No los conocía.

1학년 아이들이 문을 열고 마리아와 요셉을 받아들이면 잔치는 무르익어 간다. 제단에 올라간 마리아와 요셉, 그리고 천사들과 목동들이 함께 노래를 부르고 기도를 하면서 1부 행사를 마친다.

저녁을 먹고 아이들을 위한 성탄 예술제를 한다. 이날은 아이들을 위한 예술제이기 때문에 평소의 예술제와 좀 다르다. 손님들을 모시고 하는 예술제는 늘 긴장하고 조용하도록 지시하며 자제력이 많이 필요하지만 이날만큼은 아이들이 원하는 만큼의 에너지를 발산하도록 내버려 둔다. 맘껏 자신들의 에너지와 끼를 발휘하고 즐기는 모습이 정신없지만 행복해 하는 모습을 보는 것은 우리에게도 기쁨이다. 그동안 저 많은 에너지와 끼를 감추고 사느라 얼마나 힘이 들었을까. 내일이면 집에 간다는 사실에 무장해제를 한 아이들은 가장 멕시칸다운 면모를 다 드러낸다. 이렇게 마무리를 하고 다음날 아이들은 고향 집으로 돌아간다.

매해 겨울방학에 50여 명의 아이들이 집으로 가지 못하고 수녀님들과 성탄을 보낸다. 특히 남쪽 지방 치아파스에서 온 아이들이 집에 가지 못하는데 남은 아이들을 위한 성탄 파티는 후원자들이 지원해주는 칠면조고기와 여러 가지 선물로 아이들을 기쁘게 한다.

체육관에서 성탄미사를 봉헌하고 한 줄로 서서 아기 예수님께 경배를 한다.

칠면조고기와 스파게티, 멕시코 성탄절 요리로 식사를 하면서 아이들은 아기 예수님의 선물을 받는다. 성탄 전에 미리 각자가 받고 싶은 선물을 편지에 써낸 것을 참고로 수녀님들이 준비하여 하나씩 나누어 준다. 그리고 삐냐따(Piñata)를 터뜨린다. 삐냐따는 종이로 만든 커다란 인형으로 그곳에 온갖 종류의 간식을 넣고 천장에 매달아 놓고 막대기로 때려서 터뜨리는 놀이로 생일날이나 축제일에 멕시코 사람들이 빠지지 않고 하는 전통놀이다. 삐냐따를 터뜨리는 방법은 한 아이가 눈을 가리고 한 손에 작은 막대기를 든다. 시작하기 전 아이에게 삐냐따의 위치를 보여주고 안대를 하고 방향감각을 잃어버리게 하기 위해 세 바퀴를 돌게 한다. 다른 쪽에서는 긴 줄에 매달린 삐냐따를 아이 앞으로 올렸다 내렸다가 방향을 바꾼다. 술래된 아이는 삐냐따를 찾아 돌면서 막대로 치게 되는데 삐냐따가 여러 번 맞게 되면 터지고 그 안에 가득 찬 간식들이 우수수 쏟아지는 그때 아이들 모두가 달려들어 간식을 주워간다.

오래된 전통 놀이를 즐기는 아이들, 처음 이 놀이를 했을 때 멋모르고 아이들과 함께 간식을 줍다가 아이들 속에 파묻혀 애를 먹은 적도 있다. 이렇게 우리의 성탄 파티는 막을 내린다. 새로 태어난 아기 예수님의 축복을 받으며 한 해를 마무리 한다.

멕시코 진출 25주년 은경축 행사

2015년 8월 15일 마리아수녀회가 멕시코에 진출한 지 25주년, 은경축을 맞았다. 그동안 수많은 졸업생을 배출했다. 멕시코의 가난한 청소년들에게 교육과 의료사업을 진행할 수 있도록 많은 은혜를 베풀어 주시는 하느님께 감사하고, 25년 동안 우리를 도와주신 많은 은인들에게 감사하는 마음을 전하기 위해 큰 행사를 준비했다.

진행은 찰코 소녀의 집에서 하고 행사 준비는 찰코 소녀들과 과달라하라 소년들이 함께하기로 하였다. 프로그램을 짜고 행사 준비를 하나씩 해 나갔다. 남녀 합주부 학생들이 함께 공연할 노래를 선정하고 각자 연습에 들어갔다. 무용부 학생들도 행사를 위해 분주한 시간을 보내며 찰코 소녀의 집에 갈 생각으로 매우 흥분해 있었다. 그동안 물심양면으로 우리 집을 후원해 주신 은인들에게 감사패를 증정하자는 총원장 수녀님의 의향으로 은인들의 명단을 작성하고 감사패를 만들었다. 과달라하라 초창기부터 우리를 지원해주고 계신 후안 산도발 추기경님과 아이들의 가장 큰 대부이신 훌리오 아저씨, 18년 동안 한결같이 아이들에게 식용유를 후원해 주시는 이냐시오 대표님, 아이들에게 매일 마실 수 있는 우유를 후원해 주시는 랄라 우유회사 대표님 등이다. 그리고 우리의 영적 지도자 신부님과 본당 신부님, 우리 학교출신 신부님 등이다. 아이들은 여학생들과 공연할 노래와 율동 연습을 위해 하루 전에 찰코 소녀의 집에 갔다. 행사 당일 은인들과 신부님들을 모시고 멕시코 공항에 도착을 하니 찰코에서 버스가 나와서 기다리고 있었다. 한 시간 정도를 달려 찰코 소녀의 집에 도착했다.

찰코 졸업생들과 과달라하라 졸업생들, 은인들, 친구들, 그리고 지방에서 우리를 축하해 주기 위해 오신 많은 신부님들이 10시에 시작되는 미사를 드리기 위해 도착하고 있었다. 미사 전에 창설 신부님 동상 제막식이 있었는데 교황대사님께서 주관하셨다. 소년들이 울리는 합주에 맞춰 소녀들은 가지고 있던 하얀 풍선을 하늘 높이 날렸다. 졸업생들이 기증한 아름다운 분수가 힘찬 가동을 하며 물을 높이 뿜어 올리고 알로이시오 신부님의 인자한 동상을 축성하셨다. 미사는 교황대사님과 주교님 두 분 그리고 전국에서 올라오신 40여 명의 신부님이 공동집전을 하시며 마리아수녀회에 25년간 베풀어 주신 모든 은혜에 감사하는 아름다운 시간이었다. 미사를 마치기 전 총원장 수녀님께서 제대에 올라가 그동안 마리아수녀회가 멕시코에서 성장한 과정을 말씀하신 뒤 하느님께 감사를 드리고 물심양면으로 도움을 주신 모든 은인들에게 감사패를 증정했다.

아름다운 예술제가 시작되었다. 200여 명의 찰코 소녀들과 과달라하라 소년들이 함께하는 연주와 노래, 율동은 감동이었다. 두 학교 아이들이 잘 차려 입은 마리아치 전통의상이 그날의 행사에 빛났다.

신이 난 아이들은 온몸으로 노래하고 춤을 추면서 자신들이 누리는 모든 사랑과 은혜에 대한 감사를 표현했다. 행사 마지막 프로그램으로 행사에 참석한 모두를 무대 위로 초대를 하였다. 삼천 명의 소녀들이 손에 손을 잡고 한꺼번에 쏟아내는 거대한 사랑과 감사의 노래는 모든 이의 마음 속에 깊이깊이 스몄다. 모두가 진한 감동에 젖은 하루를 오래토록 잊지 못할 것이다.

3부 순서는 식사 시간, 고등학교 5학년 여학생들이 직접 준비한 잔치 음식이 4빌딩 2층에 준비되어 있다. 주교님들과 은인들 모두 초대를 받아 서로서로 인사를 나누며 서로 다른 장소에서 서로 다른 모습으로 그러나 같은 마음으로 하나가 되어 축제를 즐겼다. 마음이 너그럽고 따뜻한 분들, 멕시코의 청소년들에게 베푸는 외국 수녀님들의 사랑에 한결같은 마음으로 동행을 해주시는 그분들의 큰 공로가 유난히 빛이 났다. 과달라하라에서 함께 동행한 신부님들과 은인들도 찰코 여학생들과 그곳에 모인 많은 졸업생들을 보며 그동안 우리가 멕시코에서 맺은 결실들을 보며 감동하는 시간이었다.

4부 만남, 그날 소녀의 집에는 찰코 초창기 졸업생들이 많이 모였다. 1994년 첫 졸업을 하고 2015년까지 많은 세월이 흘렀다.

졸업 후 처음 보는 1기 졸업생들이 반갑게 다가와 인사를 한다. 그들은 어느새 나와 비슷하게 늙어가고 있다. 그때의 기억들, 열정 많던 수녀, 스페인 말을 못해 절절매던, 말이 통하지 않아서 서로 서로 애를 먹으면서 고생했던 기억들이 되살아난다. 초창기 아이들과 엄청난 일을 했다. 지문이 없어질 정도로 나무를 심고 잔디를 심고 환경정리를 하고, 아이들과 함께 심어놓은 유카리스트 나무가 10m는 자라있다. 함께 푸르렀던 시절, 첫 멕시코 1기 소년들의 책임수녀로 온갖 정성을 다해 돌봐주고 정이 들어버린 3년, 스페인어를 못해 벌어졌던 수많은 에피소드. 웃고 울며 살다가 졸업 후 헤어지던 날. 아이들이 정문을 향해 걸어 나가는 뒷모습을 6층 비상구에서 바라보며 하염없이 울던 그날, '엄마 마음이 이런 것이구나.' 하는 생각에 잊고 있던 어머니가 몹시 그리웠다. 내가 왜 마리아수녀회의 수녀가 되어 이런 이별을 해마다 경험하며 살아야 하는지.

그 아이들과의 20년 만의 해후, 즐거웠고 힘들었고 고통스러웠던 기억들. 행복한 아이, 평범한 아이, 출세한 아이, 별의별 아이들이 다 있었지만 그들의 마음에는 고 알로이시오 신부님의 사랑이 자라고 있다. '기쁨을 감추면 기쁨이 줄어들고 웃음을 감추어두면 웃음이 감소된다.' 이 사실을 삶으로 터득한 아이들과 웃음과 기쁨을 감추어 두지 않는 삶을 살기 위해 내 삶에 가장 우선순위에 둘 것이 무엇인지를 살피고 가장 소중한 것을 첫 자리에 두는 방법을 실천하며 오늘도 선교의 길을 걷는다.

어머니날

- 라스 마냐니따스 LAS MAÑANITAS

2월에서 5월까지 수녀님들은 둘씩 혹은 세 명씩 짝을 지어 신입생들을 모집하기 위해 전국으로 돌며 시험과 면접을 치른다. 북쪽 지역에 살고 있는 소년의 집 수녀님들은 북쪽에 자리한 주를 방문하고 찰코 수녀님들은 남쪽 지방을 방문하여 소년들과 소녀들의 시험과 면접을 치른다. 찰코 소녀의 집에서 살고 있었던 초창기 5월 밤 버스로 11시간 걸려 도착하는 남쪽 지방으로 여행을 떠나기 위해 멕시코시티에 있는 버스 정류장으로 갔다. 저녁 7시쯤 집에서 출발하면 9시에서 10시 사이 지방으로 출발하는 버스를 타고 밤새 달려 다음날 아침에 약속한 마을에 도착할 수 있다. 그런데 그날은 생각지도 못한 인파로 버스표를 구입하기가 너무 어려웠다. 끊임없이 줄지어 선 사람들, 놀라웠던 것은 모든 사람들 손에 장미 몇 송이와 선물이 들려져 있었다. 함께 동행한 멕시칸 수녀님한테 오늘은 무슨 특별한 날인지를 묻자 "내일이 어머니날이에요."라고 하였다. "아, 그래 내일이 어머니날이었지. 그래서 저 많은 사람들이 엄마가 있는 시골집으로 가려고 줄을 서 있었구나." 5월 10일은 멕시코의 어머니날이다. 가족 간의 끈끈한 유대로 유명한 멕시칸들은 일 년 내 가족들을 위한 행사가 많지만 그중에 가장 큰 행사는 어머니날이다. 시티에 사는 사람들이 어머니날이라고 고향으로 내려가는 모습이 마치 한국의 추석이나 설이 연상되어 고국에 있는 가족들이 더욱 그리웠다. 겨우 표를 구입해서 새벽 1시에 떠나는 버스에 올랐다. 그렇게 오랫동안 줄을 서서 기다렸지만 어느 한 사람 화를 내거나 짜증을 내는 사람 없이 모두들 밝고 행복한 모습이다.

멕시칸들은 어머니날이 되면 자녀들이 첫 새벽에 엄마 방문 앞에서 마냐니따 노래를 부른다. 엄마가 노래를 다 듣고 나와 고맙다고 인사를 하고 자녀들에게 베소(볼 뽀뽀)를 해주며 자녀들은 장미꽃을 안겨주는 아름다운 풍습이 있다. 그날 버스가 출발하고 새벽 4시부터 들려오는 마냐니따, 새벽 공기를 뚫고 울려 퍼지는 트럼펫 연주 소리와 노랫소리는 곤한 잠 속에 빠져있는 내게 어머니에 대한 그리움과 추억을 흔들어 깨웠다.

"아, 엄마들을 위해 이렇게 첫 새벽부터 노래를 부르는구나."

마냐니따 노래는 마을을 지날 때마다 들려왔다. 고향의 어머니가 보고 싶었다. 어머니에 대한 자녀들의 사랑이 참으로 아름다웠다.

약속 시간보다 늦게 도착한 마을, 어머니들이 아이들과 함께 시험과 면접을 보기 위해 모여 있었다. 손에 장미꽃 한 송이씩을 들고 시험 장소를 빌려준 본당 신부님께 인사를 드렸다. 신부님께서는 공동묘지에 누워있는 엄마들을 위해 마냐니따를 부르러 간다고 하신다. 묘지에 누워있는 엄마들도 대접을 받는 날, 멋진 마리아치가 준비되어 있었다. 기타와 트럼펫, 만도린 그리고 멕시코 전통악기와 전통의상을 멋지게 차려 입은 마리아치, 묘지에 누워있는 엄마들을 위해 노래를 불러주러 가는 그들의 기쁨이 5월 푸름에 반짝반짝 빛이 났다. 이날 새벽부터 셀 수 없을 만큼 '어머니날' 마냐니따 노래를 들었다. 아이들을 면접하면서 "내년 어머니날에는 소년의 집에서 보내게 될지도 몰라."라고 하자 "그래도 괜찮아요, 우리가 공부할 수 있으면요."라고 하며 자신들의 의지를 보여주었다. 어머니와 헤어지는 희생을 감수하면서까지 공부가 하고 싶은 아이들, 그 아이들의 빛나는 의지는 그날 내가 받은 어머니날의 선물이었다.

- LAS MAÑANITAS' 라스 마냐니따스- 2

1992년 선교사가 되어 멕시코에 도착한 첫 해 5월, 깊은 새벽 잠에 빠져 있던 수녀원, 새벽 4시, 어둠을 뚫고 갑자기 울려퍼지는 아름다운 연주 소리와 합창 소리에 깜짝 놀라 잠을 깨었다. 무슨 일인지 몰라 어리둥절하고 있는 나와 다르게 멕시칸 수녀님의 비실비실 새어 나오는 웃음을 보며 나쁜 일은 아닌가 보구나 생각하며 다시 침대에 누웠다. 새벽녘에 처음으로 듣는 마냐니따는 내

영혼 깊이 울려 퍼졌다. 연주와 노래가 끝나고 수녀님 한 분이 창문을 열고 고맙다고 크게 인사를 하자 아이들은 조용히 다시 제자리로 돌아갔다.

아침이 되어 오늘이 멕시코의 어머니날이라는 것을 알게 되면서 멕시코 풍습 하나를 익히게 되었다. 어머니날이 되면 우리 아이들은 신바람이 난다. 새벽 4시 수녀원 앞에서 합주부 학생들과 합창부 소년들이 마냐니따를 부른다. 백여 명의 소년들이 교복으로 갈아입고 줄 서서 부르는 아름다운 마냐니따, 고맙다는 말을 들을 때까지 움직이지 않는다. 창문을 열고 고맙다는 말 한마디에 소년들은 다시 침대로 되돌아가 부족한 잠을 채운다.

아침 미사를 마치고 내려오는 7층 성당 앞에서 1층까지 아이들이 두 줄로 늘어서서 노래를 부르고 환성을 지르고 난리법석을 떤다. 밤새도록 각 층별로 수녀님들을 기쁘게 해주기 위해 깜짝 이벤트도 준비를 한다. 풍선과 색종이로 온갖 치장을 하고 수녀님 그림을 그려 붙이고, 한 엄마 수녀가 돌보는 이백여 명의 아들들이 복도에 한 줄로 서서 수녀님이 지나가는 길에 노래를 부르고 박수를 쳐준다. 각자가 그린 카드, 정성껏 쓴 손 편지, 산에서 꺾어온 야생화꽃으로 만든 꽃다발, 꽃목걸이는 그야말로 감동이다. 그동안 고마웠던 자신의 마음을 정성을 다해 수녀님을 위해 보여주는 날, 이날만큼은 엄마처럼 자신들을 돌봐주는 수녀님들에게 맘껏 애정표현을 해도 흉이 되지 않는다.

아침 식사 후에는 또 학교 선생님들이 수녀님 숫자만큼의 장미 송이와 케이크를 들고 와 마냐니따 노래를 불러주고 축하를 해준다.

오후가 되면 졸업생 가족이 다녀간다. 이미 자신이 부모가 되어 있는 졸업생들은 자신의 자녀들에게 장미 송이를 들려 수녀 할머니들에게 안겨주며, 감사하는 마음을 전한다. 잘 살아주고 있는 모습을 보여주는 것만으로도 뿌듯하고 기쁜 날이다. 국적을 불문하고 사람을 대하는 태도는 같은 양상으로 나타난다. 똑같은 정성과 같은 교육을 통해 세상에 내놓았건만 어떤 아이들은 어떤 때가 되면 가족과 찾아와 인사를 하고 자신들이 받은 은혜에 대한 감사함을 드러내지만 졸업을 한 후로 단 한 번도 찾아오지 않는 아이도 있다. 이런 날이 되면 궁금해진다. 그 많은 아이들이 어디서 무엇을 하며 살고 있을까. 죽기 전에 한 번씩이라고 꼭 보았으면 좋겠다.

고등학교 3학년 아이들은 저녁기도 후에 전교생을 체육관에 모아 놓고 수녀님들을 위한 예술제에 초대를 한다. 신사처럼 정장을 차려입고 수녀원 앞에서 기다리다가 수녀님들이 나오면 예의바른 멋진 신사처럼 앞장서 안내를 한다. 행사의 하이라이트, 백여 명의 합주부 소년들의 연주에 맞춰 이천 명의 소년들이 부르는 마냐니따, 세상의 어떤 엄마가 이렇게 많은 아들들로부터 마냐니따 노래를 들어볼까. 해마다 어머니날 듣는 마냐니따는 많은 감동을 주고 뜨거운 열정을 일으켜 준다. 수녀님들 모르게 준비한 노래와 춤으로 사춘기 청소년들이 벌이는 재롱 잔치, 젊은 수녀님들은 적응되지 않은 대접을 받으며 얼굴이 붉어지기도 한다.

어머니날 잔치는 가족 축제가 된다. 수녀님들을 즐겁게 해주기 위해 아이들도 즐기는 날이다. 모두가 한바탕 웃고 떠들고 행복해 하면서 서로에 대한 신뢰와 애정, 믿음을 쌓다 보면 아이들과 수녀님 사이에는 또 하나의 아름다운 사랑의 강물이 흐르게 된다. 어머니날, 지금 내가 이곳에서 무엇을 하고 있는지, 지금 이곳에서 제대로 살아가고 있는지, 아이들의 넘치는 사랑을 받을 자격이나 있는 것인지, 다시 한 번 점검할 수 있는 성찰의 계기이며 아름다운 추억이 되어 소중한 내 삶의 한 페이지에 살짝 내려앉는다.

3.

내게 열린 또 하나의 세상

산베드로 소치아판 방문기

해마다 2월에서 5월까지 수녀님들은 신입생을 모집하기 위해 멕시코 전역을 순례한다. 각 지역을 방문할 때마다 길 위에서 만나는 많은 사람들, 무수한 장애물들, 배고픔과 고단함조차 나를 주님 가까이 가게 하는 고마운 동무로 받아들이는 법을 배운다. 매번 여행을 할 때마다 어떤 경험들이 나의 시간을 채워줄까 기대 반 두려움 반으로 먼 여행길에 오른다.

이번에 내가 방문한 곳은 멕시코시티에서 버스로 20시간 안팎에 있는 남쪽 지방 오아하카주와 치아파스주다. 산베드로 소치아판 마을은 우리의 첫 번째 방문지가 되었다. 이곳은 조상 대대로 전해지는 그들의 전통을 지키며 아직 문명의 때가 묻지 않은 순수 인디언들이 살고 있는 곳이다. 밤 버스를 타고 12시간 걸려서 도착한 중간 기착지 마을에서 그곳 아이들 시험과 면접을 하고 오후에 산베드로 소치아판 마을에 가기 위해 몇 시간 버스를 타고 어떤 산골 마을에 도착했다. 산베드로 마을로 들어가는 버스가 새벽 1시 출발한다고 한다. 새벽 1시까지 어디서 기다려야 하나. 가난한 산골마을이며 우리가 아는 사람이 없어 머물 곳이 없었다. 마침 동네 친절한 아저씨가 우리의 사정을 알고 쉬라며 내어준 낡은 창고 바닥에 앞치마를 깔고 고단한 몸을 누이면서 버스 시간을 기다렸다. 쉴 곳이 없어, 차디찬 시멘트 바닥에 웅크리고 누워있는, 함께 간 수녀님을 보고 있으니 마구간에서 갓난아기 예수를 바라보고 계신 성모님과 성요셉의 심정이 어떠했을까, 어린 아기 예수를 구유에 뉘어 놓고 찬바람을 온몸으로, 마음으로 막았을 성요셉의 지극한 사랑과 정성도 그려진다. 잠이 들면 버스를 놓칠 것 같아 잠도 자지 못하고 밤을 꼬박 새우고 있는 중이다. 버스가 출발하는 시간이 되어 정류장으로 가니 사람들이 모여 있다. 차비를 내고 버스에 올랐다.

너무 캄캄해서 아무것도 보이지 않는 산길을 버스가 달리기 시작하였다. 크게 틀어놓은 음악 소리에 귀가 멍해지고 사람들이 얼마나 많이 웃고 떠들며 이야기를 하는지 도무지 집중을 할 수가 없다. 산길은 얼마나 꼬불꼬불한지 한 순간도 가눌 수가 없는 내 몸이 사방으로 춤을 추고 있다. 몇 시간이 지나고 새벽 여명이 밝아 오고 있다. 햇살이 내리는 밀림, 그 황홀한 순간을 맞이했다. 빛이 쏟아져 들어오고 있다. 말로 표현할 수 없는 찬란한 빛이 원시림 큰 나무 사이를 뚫고 우리가 달리는 길로 쏟아져 내리고 있다. 거기에는 늘 내가 상상했던 창조의 모습이 재현되고 있었다.

심장이 심하게 쿵쾅거리며 버스의 흔들림에도 동요되지 않는다. 나의 시선은 수천 년이 되었을 듯한 원시림 숲에 완전히 압도되었다. 그런데 아래를 내려다보니 천 길 낭떠러지다. 그때서야 알았다. 왜들 그렇게 웃고 떠들고 난리를 쳤는지. 버스를 운전한 것은 운전수 한 명이 아니었다. 산베드로 마을로 가는 모든 사람들이 함께 운전을 한 것이다. 혹시라도 운전수가 졸기라도 하면 안 되니까. 기사가 졸지 않고 무사히 목적지에 도착하도록 사람들은 각자의 힘과 의지를 그에게 실어주었던 것이다.

비포장도로를 돌고 돌아 6시간 만에 도착한 곳은 아주 깊은 산속마을이다. 차를 타는 동안 너무 많이 흔들려 몸은 무엇에 맞은 듯 아팠지만 신선한 공기와 밀림의 웅장한 얼굴에 놀람을 금할 수가 없었다. 태양보다 먼저 깨어 새벽을 걸어 우리를 마중 나온 우리 학교 학생 아버지는 당나귀 두 마리를 가지고 와서 타라고 한다. 마을까지는 걸어서 두 시간이 걸리는데 당나귀를 타면 좀 편하게 갈 수 있다고 했다. 한 번도 타보지 않은 당나귀를 타고 모험을 하느니 그냥 걸어가겠다고 하며 우리가 가지고 온 짐만 당나귀에 실었다. 차에 내려서 다시 산길을 두 시간 걸어 드디어 도착한 산베드로 마을은 해발 2,800m 산꼭대기에 자리하고 있었다. 마을에서 보이는 수많은 산 첩첩 산. 어떻게 이런 곳에 사람이 살 수 있는지, 이들은 어쩌다 이렇게 높고 깊은 산속까지 들어오게 되었는지 궁금했다. 마을에서는 선교사로 활동하는 이탈리아 신부님이 우리를 반갑게 맞아주시며 사제관 방 하나를 내어 주셨다.

아무런 장식도 없는 방, 나무로 깎아 만든 네 개의 다리에 실 자루를 잘라 이어 만든 침대가 두 개 있었다. 쓰러지듯 침대에 누우니 이곳이 마치 천국 같다. 이곳에 눕기까지 우리의 여정을 돌아본다. 예수님께서 "세상 끝까지 가서 복음을 전하라." 하신 말씀의 실천이 이렇게 어렵구나. 잠시 쉬고 나니 기력이 회복된다. 신부님이 차려주신 간단한 아침식사를 하고 아이들 시험을 시작한다. 인디언 방언을 하고 있는 아이들을 면접하기는 불가능. 통역해 주는 아저씨 도움을 받아 겨우 시험과 면접을 끝냈다. 그들이 가난한 아이들이라는 것은, 내 앞에 보여지는 모습만으로도 알아볼 수 있었다. 시험을 치른 모든 아이들에게 합격점수를 주었다.

늦은 오후, 현재 소년의 집에서 공부하고 있는 학생의 집에 점심식사 초대를 받았다. 집은 방과 부엌이 구분되지 않는 움막집이었고, 앉을 의자 하나 없었다. 부모님은 서둘러 수저는 앞집에서 빌려오고 의자는 옆집에서 빌려왔다. 없는 살림에 손님으로 대접받는 것 같아 마음이 불편했지만 그들의 따뜻한 정성을 거절할 수 없었다. 우리를 위해 집에서 키우는 닭을 잡아 최고의 요리를 했다. 한 가지 채소를 넣고 푹 삶은 닭 요리. 아이 엄마는 수줍게 닭다리 큰 것 하나를 내 접시에 얹어준다. 그리고 다른 도시보다 다섯 배는 더 큰 오아하카 전통 토르티쟈, 장작불로 막 구워낸 따뜻한 사랑이 접시에 놓인다. 음식이 아니다. 그녀의 사랑이다. 그녀의 감사다. 눈물이 난다. 음식을 삼킬 수가 없다. 평소에 좋아하지 않는 고기를 조금 뜯어 먹고 그릇을 내려놓는데, 기다리고 있었다는 듯이 그 집 4살 된 딸아이가 닭다리를 낚아 입으로 가지고 간다. 순식간에 벌어진 일이라 너무 놀랍고 당황스럽고 배고픈 아이를 배려하지 못한 부끄러움에 얼굴을 들 수가 없다. 그 아이는 내가 그전에 읽었던 『미스터 갓』이라는 책에서 보았던 안나를 연상시켰다. 헝클어진 머리, 지저분한 옷차림, 큰 눈. 엄마도 당황하고 선반 위에 올려두었던 닭고기 한 점을 아이 앞에 내어 놓았다. 그들의 꾸밈없는 삶을 보여주는 한 장면, 오랜 세월이 지난 지금도 그 모습이 선명하게 각인되어 있다. 닭다리를 가져가 먹던 그 소녀도 이제는 성숙한 여인이 되어 있을 텐데.

오후에는 학생들 가정을 방문했다. 흙바닥에서 사는 사람들, 가재 도구도 없다. 이불도, 장롱도, 부엌도 없다. 그냥 산다. 돼지, 닭, 양이 그들과 함께 공생하고 있다. 그게 그들의 보편적 삶이다. 그래도 얼마나 부드러운 얼굴들을 하고 있는가. 얼마나 삶을 편안하게 즐기면서 살고 있는가. 소유한 것으로 행복의 순서를 정한다면 그들은 분명 세상에서 가장 불행한 사람들일 것이다. 그러나 주어진 삶을 기쁘게 받아들이며 사는 것으로 행복 순위를 정한다면 그들은 세상에서 가장 부자인 것이다. 가진 것이 없어도 행복해 보였던 그들이 내게 주었던 교훈은 지금도 내 가슴에 먹먹한 그리움으로 남아있다. 점심식사를 마치고 오후에 이천팔백 고지에서는 어떤 식물들이 자라고 있는지, 어디서 물을 길어먹고 사는지. 그곳의 삶이 궁금해 마을 곳곳을 돌아봤다. 몇 발자국만 내디디면 도착하는 뒷산에는 고사리 군락지가 있었다. 산이 습하고 우기가 계속되기 때문에 식물들이 아주 잘 자란다는 아저씨의 설명이다. 이 식물을 먹느냐고 물었더니 먹지 않는다고 한다. 한국에는 고사리가 영양가도 높고 맛이 좋아 사람들이 즐겨 먹는다고 이야기 해 주었다.

그 해 5월 면회 날 아저씨는 내가 한 이야기를 기억했다가 고사리를 두 자루나 준비해 오셨다. 순수함, 소박함이 묻어나는 사랑의 선물이다. 산베드로 소치아판 방문은 육신적인 고통과 많은 희생을 요구했지만 시간이 많이 지난 지금까지 내 삶에 차곡차곡 쌓인 아름다운 경험 중의 하나가 되어 별처럼 빛나고 있다.

우실라 마을

- 단발머리 소동

산베드로 마을에서 시험을 마치고 집 떠난 지 삼일 만에 편하게 누워서 잠을 잤다. 꿀맛이다. 가끔씩 이렇게 고생을 해 볼 일이다. 내가 누리고 있는 삶이 얼마나 고마운지 알기 위해서는.

다음 약속 장소인 우실라 마을로 가기 위한 작전이 필요했다. 그곳에 가는 두 가지의 방법이 있는데 우리가 왔던 길로 다시 나가서 세 번 정도 버스를 갈아타고 도착하는 방법이 하나, 산으로 걸어 내려가서 우실라 마을에 도착하는 방법이 둘. 도착하는 시간은 산으로 가는 것이 빠르다고 했다. 우리는 아저씨의 안내를 받아 산길로 가기로 했다. 8시간의 산행. 당나귀에 우리의 모든 짐을 맡기고 산행하는 마음으로 밀림 지역을 가이드의 안내를 받으며 걸었다. 라틴 아메리카 깊은 산속, 내 생애 처음 그리고 마지막으로 보는 무수한 자연 앞에 경의를 표하며, 산새들의 노랫소리를 벗 삼고, 간간이 마주치는 커피 열매로 주린 배도 채우면서 우실라에 도착하니 오후 늦은 시간이었다.

우실라는 산골 마을이기는 하였지만 산베드로 마을보다 열 배 정도는 커 보였다. 성당도 있고 텔레비전으로 공부하는 중학교도 있다. 산베드로 마을 아이들이 초등학교를 졸업하고 중학교 진학을 위해 오는 마을이기도 하다. 우실라 마을 성당 주임신부님으로 계시는 엔리께 신부님은 이태리 선교사이다. 신부님의 배려로 사제관에 짐을 풀고 지친 몸을 쉬고 다음날부터 시험과 면접을 시작하였다. 아이들과의 대화는 거의 불통 상태, 그들이 사용하는 언어 나왁(Nahuat-역사적으로 아즈텍인들의 언어로 알려져 있으며 나왁을 쓰는 사람들은 대부분 멕시코의 중부 지방에 살고 있다)을 우리가 알아듣지 못하고 우리가 쓰는 스페인어는 그들이 알아듣지 못해 통역이 옆에 앉아 도움을 준다. 모든 것이 웃음으로 슬슬 넘어간다. 그들의 수줍은 웃음이 봄날 같다.

아이들과 시험을 치르고 마을을 방문하는데 동네 꼬마 20여 명이 우리 뒤를 졸졸 따라 다닌다. 뒤돌아서서 인사라도 하려면 와~ 소리를 지르며 삽시간에 집으로 숨어 버린다. 우리가 모른 척 걸으면 어느새 나와서 다시 우리 뒤를 조심스럽게 따라 붙는다. 오랜만에 본 동양 수녀들이 이곳 아이들에게는 엄청난 호기심의 대상이다. 그러나 '가까이 하기에는 너무 먼 당신', 아이들은 안전거리를 두고 우리를 따라왔다.

멕시코 인디언들은 대부분 머리를 기른다. 어린아이 때부터 죽을 때까지 모든 여자들은 긴 머리를 끈으로 동여매고 있다. 머리를 길게 기르는 것이 마을의 전통이라고 한다. 여학생들이 우리 학교에 들어오면 그동안 길러왔던 긴 머리를 자른다. 단발머리로 자르는 이유 중 하나는 머리에 이가 많아 감당이 안 되기 때문이다. 그리고 단체 생활을 하고 규칙 생활을 하다 보니 긴 머리를 관리할 시간이 적다. 그러나 중학교 3학년이 되면 머리를 기를 수 있고 고등학생이 되면 스스로 관리를 잘 할 수 있어 자신들의 머리에 이가 있었다는 사실을 까맣게 잊어버린다.

우실라 마을 아이들이 소년의 집에 입학을 하던 첫 해, 방학을 맞아 처음으로 고향에 내려오던 날 마을에서 난리가 났다고 한다. 단발머리로 자른 모습을 보고 동네 사람들은 아이들이 모두 예비 수녀가 되었다며, 찰코 수녀들이 당신들의 아이들을 빼앗아 갔다는 등 헛소문이 동네에 퍼진 것이다. 학교에 입학하지 않은 동네 소꿉친구들로부터 노골적인 조소와 놀림이 있었고 왕따를 시키기도 하였다. 아이들이 아니라고 설명을 해도 이들의 관념으로 머리를 자른다는 것은 쉽게 이해가 되지 않았던 것이다. 그래서 초등학교 6학년 부모님들은 아이들을 소년의 집에 보내지 않겠다고 결의를 했다. 마을에 계신 본당 신부님까지 나서서 상세한 설명을 하자 겨우 이해를 한 부모님들, 그리고 이미 학교에 면회를 다녀간 부모님들의 말을 듣고 마을에서 벌어졌던 일은 꼬리를 내리게 되었다는 뒷얘기를 듣게 되었다. 이 사건은 마치 일제강점기(1910년~1945년) '신체발부 수지부모'라는 유교적 가르침을 염두에 두고 살아온 우리 민족에 충격이었

던, 남성과 여성의 머리모양을 강제로 변화시켰던 일본인들의 모습을 떠올리게 하며 웃음을 짓게 했다.

애써 지켜온 문화와 전통을 깨면서까지 공부에 대한 염원을 가지고 있었던 아이들의 용기에 박수를 보낸다. 21세기에도 여전히 자신들의 전통을 지키면서 살아가는 순수한 민족, 그들의 권리대로 소망대로 작은 것에 기뻐하고 만족하며 나날이 행복했으면 좋겠다.

그렇게 수줍고 그렇게 순수했던 소치아판 아이들과 우술라 아이들이 학교 공부를 마치고 성인이 되었다. 멕시코 굴지의 회사에서 멋진 사회인으로 당당하게 살고 있는 모습이 감동이다. 학교 행사 때마다 찾아와 그들의 감사한 마음을 후배들을 향한 보살핌과 애정으로 되돌려준다. 사랑은 역시 내리사랑임을 아이들을 통해서 경험한다.

악몽의 밤

가난하지만 밝은 미소와 정다운 마음을 가진 이들이 함께 모여 살아가는 우실라에서 다음 약속 장소는 남쪽으로 10시간을 더 내려가야 하는 남쪽 바닷가와 근접한 도시 테완테펙. 우실라에서 버스를 두 번 갈아타고 중간 기착지 시내버스 정류장에 도착한 시간은 밤 11시쯤이었다.

테완테펙으로 가는 마지막 버스가 12시에 떠난다고 했는데 도착해 보니 이미 버스는 떠나고 없다. 다음 차는 새벽 5시에 출발한다고 한다. 아무도 모르는 낯선 곳, 이 늦은 시간에 어떻게 해야 하나 암담하다. 선택의 여지가 없이 버스터미널에서 밤을 새우기로 한다. 필리핀 수녀님과 함께 앉아 졸면서 기도를 하고 있는데 갑자기 술주정꾼 한 명이 우리에게 다가온다. 말도 되지 않는 소리를 하며 이것저것 묻기 시작한다. 대꾸도 하지 않고 못들은 척하면서 외면하니 조금 있다가 자리를 떴다. 참으로 천만다행이라고 생각하고 있는데 잠시 후 다시 돌아온 술주정뱅이는 우리를 괴롭히며 공포의 시간을 안겨 주었다. 끊임없이 말을 시키고 나중에는 필리핀 수녀를 만지려고까지 하였다. 너무 화가 나고 당황스러워 같이 싸우려고 했지만 때릴 수도 없고 속수무책으로 피해 다니기만 했다. 아무리 피해도 어느새 따라와 우리 옆에 서서 괴롭힌다. 누구에게 도움을 청할 수도 없다. 정류장에는 우리와 같이 첫차를 기다리는 사람들이 있었지만 누구 하나 우리를 도와주지 않는다. 처음에는 한두 분의 남자들이 와서 그렇게 하지 말라고 이야기를 해보았지만 그때뿐 물러났다가는 다시 돌아왔다. 경찰서도 없고 눈에 보이는 경찰도 없다. 계속 괴롭히면 따끔한 태권도 맛을 보여주겠다고 으름장을 놓아도 무서운 시늉만 할 뿐 안하무인이다. 그동안 배웠던 태권도로 한번 시원하게 때려주고 싶은 마음이 굴뚝같았지만 수녀가 사람을 때렸다고 하면 해외토픽에 날 일이기에 참았다.

우리의 괴로움은 이루 말할 수 없이 컸다. 온밤을 꼬박 새우며 옮기는 곳마다 따라 다니면서 괴롭히기를 몇 시간. 드디어 테완테펙으로 갈 버스가 시동을 걸고 있었다. 너무나 감사하고 얼마나 기쁘던지 눈물이 났다. 술주정뱅이가 잠시 사라진 틈을 타서 도망치듯 버스에 올랐다. 혹시나 버스까지 쫓아오면 어쩌나 하는 불안감, 버스에 같이 타면 어쩌나 하는 두려움에 버스가 빨리 출발하기만 바랬다. 버스가 출발했고, 얼마나 긴장을 했는지 몇 시간 동안 아무 생각도 못한 채 잠이 들었다. 한 번도 깨지 않고 잠이 든

채 8시간을 달려 눈을 뜨니 테완테펙이다.

날씨는 한국의 한여름 날씨보다 훨씬 더 더운 38도였다. 테완테펙에서 다시 버스를 갈아타고 약속 장소인 한국순교복자수녀회 수녀님들의 수녀원이 있는 미스테칼까지 간다. 수녀님들 집을 찾아 가는 동네 골목에는 수없이 많은 망고나무가 줄지어 있었고 나무 밑에는 떨어진 노란 망고가 황금덩어리처럼 앉아 있었다. 미스테칼은 온통 망고 향으로 가득 차 있었다.

약속시간보다 훨씬 늦은 시간이었지만 그곳에 계시는 한국 수녀님들이 우리를 아주 반갑게 맞아주셨다. 미스테깔은 우실라처럼 작은 시골마을이었고 많은 인디언들이 살고 있다. 가난한 이들이 살아가는 움집이 많이 보였고 어쩌다 벽돌집도 눈에 띄었는데 수녀님들 말에 의하면 벽돌집에 사는 사람들은 미국에 불법체류 하면서 돈을 벌어온 사람들이라고 했다. 복자회 수녀님들은 우리 마리아수녀회보다 3년 정도 먼저 멕시코에 진출을 하였고 오하아카주 가장 더운 지역에서 인디언 사목을 하고 있다. 수지침도 놓아주고 공소에서 교리도 가르치고 마을 주민에게 참깨를 수확하여 참기름 짜는 법도 가르쳐 주고 있었다. 우리와 관계를 맺으면서 마을의 가난한 아이들을 선발해서 초창기부터 우리 학교에 보내주시고 계신 고마운 수녀님들이다.

밤새 술주정뱅이한테 시달린 이야기를 모국어로 맘껏 흉보며 수녀님들과 웃으면서 이야기하는 시간이 꿈만 같다. 수녀님들은 늦은 아침으로 양배추로 만든 김치를 대접해 주셨는데 그 맛을 지금도 잊을 수가 없다. 양배추김치가 그렇게 맛있는 줄은 그때 처음 알았다. 수녀님들 도움으로 아이들 시험보고 면접보고, 수녀님들의 공소도 방문하며 편하고 안전한 집에서 오후를 보냈다. 누군가의 괴롭힘 없이 자유롭다는 것은 얼마나 편안하고 안정감을 갖게 하는지 밤새 술주정꾼의 악몽을 통해 다시 느끼는 시간이었다. 한국 수녀님들로부터 과분한 대접을 받고 테완테펙을 떠날 때 수녀님들은 동변상련의 웃음으로 우리를 배웅해주신다.

그날 밤 버스를 이용해서 치아빠스주, 과테말라와 국경에 있는 도시로 다시 여행을 시작했다. 엄청난 스케줄이다. 속 모르는 사람들은 미쳤다고 한다. 그런데 신기하게도 몸이 적응을 한다. '우리에게 주님이 늘 계시다'라는 뒷심은 이런 엄청난 스케줄에 적응하게 해준다.

사빠띠스타

가난한 우리들은 이제까지 가장 기본적인 교육조차 받은 적이 없다! 그들이 부르는 혁명은 우리를 총알받이로 쓰기 위해서였고, 우리 땅에서 풍요로운 부를 빼앗기 위해서였다. 우리들이 굶주려 죽고 병들어 죽는 것은 저들에겐 아무런 문제가 되지 않는다. 우리들이 가진 것이 아무 것도 없다는 것, 오로지 몸뚱어리 하나 밖에 없다는 사실은 저들에게 전혀 중요하지 않다. 집 한 채, 땅, 일거리, 건강, 먹거리, 교육, 자유롭고 민주적으로 우리들의 대표를 선출할 권리, 외국으로부터의 독립, 우리들과 우리들의 자녀들을 위한 평화와 정의, 그 가운데 단 하나도 우리에게 없다는 것을 저들은 결코 생각하려 들지 않는다.

- 사빠티스타 민족해방군(EZLN) 총사령부 '제1차 라깐돈 정글의 선언(1993)'에서

오아하카에서 우리의 다음 여행지는 멕시코 최남단에 위치한

주. 동쪽으로는 과테말라와 국경을 접하고 원주민 비중이 높은 주 중에 하나인 치아파스다. 마야 문명 유적지도 곳곳에 위치해 있고 치아파스를 표현할 때 어떤 사람들은 '폭력적이고 불법적인 좌파적 게릴라 소굴'이라고 하기도 하고 새로운 사회주의 운동의 진원지라고도 한다. 같은 곳을 향해 보는 다른 시각, 무엇에 초점이 맞추어졌는가에 따라 같은 곳이 다른 모습으로 둔갑을 하게 됨을 이곳에서 보고 배웠다.

치아파스는 1980년대 사빠티스타 민족해방군과 정부군이 맞서 엄청난 유혈사건이 있었던 곳이다. 대부분이 산지로 둘러싸여 있고 열대우림과 정글지대에 민족해방군이 숨어서 정부군들을 습격했다. 그곳의 날씨는 1년 내내 매우 더우며 우리가 방문한 산 속 마을 고지대는 저녁에는 약간 쌀쌀했다. 사빠티스타들이 활동했던 시기에 많은 양민들이 살해되었고 많은 폭행과 폭동이 자행되었다. 전쟁에 필요한 모든 남자들이 색출되었고 심지어 10세 소년들까지 총을 들고 그들 편에 가담을 해서 정부군과 싸움을 해야 했다.

치아파스주는 멕시코에서 가장 가난한 주 중에 하나이고 주민들의 소득이 낮아서 양질의 교육 서비스를 받을 수 없었다. 여기에 멕시코 정부의 부정부패로 희망을 잃어버린 지역이 되어 있었다. 치아파스 아이들을 소년의 집에 초대하기 시작한 것은 1993년부터다. 내가 치아파스를 방문했을 당시에도 정부군과 민족해방군의 싸움이 끝나지 않은 상태였고 그로 인해 가정이 파탄나서 부모님을 잃어버린 아이들도 많았다. 치아파스 아이들이 소년의 집에 들어오면 공통으로 갖는 별명이 있다. '사빠티스타'. 민간인으로 구성된 민족해방군의 이름이 사빠티스타였기 때문에 차아파스에서 온 아이들은 모두 사빠티스타로 불렸다. 몇몇 아이들은 그 이름에 자부심을 갖기도 하고 어떤 아이들에게는 아픔이 되고, 혼란스러운 기억이 되기도 하였다.

계속되는 여정으로 몸은 녹초가 되었지만 새로운 곳에 가서 아이들을 만날 생각에 마음은 늘 기쁨으로 들떠 있었다. 오아하카에서 치아파스로 출발하는 버스에 몸을 싣고 스웨터를 뒤집어쓰고 잠을 잔다. 버스가 통과하는 검문소마다 검색이 심했고 특히 외국인에 대한 제재가 심했다. 그런 상식도 무시를 하고 오직 가난한 아이들에게 공부할 수 있는 기회를 주고 싶다는 희망으로 겁 없이 치아파스로 간다.

한참을 자고 있는데 누군가 나를 흔들어 깨운다. 깜짝 놀라 눈을 뜨니 내 앞에 젊은, 군복을 입은 한 사람이 총을 들고 서있다. 나를 보고 신분증을 보여 달라고 한다. 벌써 세 번째다. 도대체 이들이 정부군인지 민간인지 알 수가 없다. 외국인이란 이유로 엄청 괴롭힌다. 이번에는 여권을 보여주는 대신 당신이 진짜 군인인지 나도 좀 알아야 하겠으니 당신 신분증 먼저 보여 달라고 했다. 뜨악해 하는 표정을 짓고 고개를 젓더니 그냥 말없이 가버린다. 오밤중에 버스 안에서 졸고 있는 동양인 수녀와 싸움을 해보았자 소용이 없다는 것을 그는 알았을까. 집에 돌아와서 경험담을 이야기하자 수녀님들이 그런 용기는 어디서 생겼느냐고 놀라워한다.

우리가 도착한 곳은 해발 2,250m 고원 분지의 '산 끄리스또발 데 라스 까사스' 도시다. 다행히 몇 년 동안 이곳의 신부님들과 수도자들의 도움으로 가난한 아이들을 우리 학교로 초대할 수 있었다. 약속한 장소에 도착해서 신부님께 인사를 하고 잠시 쉬면서 아이들을 기다렸다. 9시가 되면서 인디언 전통의상을 입은 엄마들이 아이 손을 잡고 한두 명씩 모이기 시작한다. 벌써 우리 학교의 소문이 전해지면서 많은 아이들이 소년의 집에 가서 공부하기를 원하고 있다. 이곳에 있으면 언제 아이들이 전쟁에 색출될지도 모르고 무엇보다도 먹고 사는 것이 너무 힘겹고 버거운 일이었다. 떨어져 살아야 하는 것도 고통이지만 더 큰 고통은 아이들에게 먹을 것을 제대로 주지 못한다는 것이다. 소년의 집 학교에 입학을 하면 모든 것이 무료로 제공되니 학부형들에게는 하늘이 준 큰 기회였다. 아이들은 모두 순박하다. 수줍은 그들의 웃음, 잘 통하지 않는 스페인어, 그럼에도 불구하는 우리의 운명은 가족이라는 이름으로 맺어지는 것이다. 그들과의 소통은 웃음뿐이어도 소년의 집에 들어와 몇 개월만 살면 나의 스페인어 실력을 기죽게 할 아이들이다. 시험을 마친 아이들은 다시 집으로 돌아가야 하는데 그들이 어디서 왔는지 묻자 상상을 초월한 시간을 거슬러 여기까지 왔다. 걸어서 열 시간, 여섯 시간, 세 시간은 기본이고, 그들이 살고 있는 마을까지는 아직 차가 없어서 그냥 걸어 다닌다는 것이다. 의지가 대단하다. 부모님들도 그렇지만, 아이들의 의지가 너무 대견하다.

오후 늦게 시험이 끝나고 마을을 돌면서 분위기도 보고 가까이에 살고 있는 재학생 아이들의 집도 방문했다. 우리가 방문한 시기는 멕시코의 망고 철이었다. 집집마다 망고나무에 노란 황금 덩어리가 대롱대롱 매달려 있다. 신부님 집에도 엄청나게 큰 나무에 노란 망고를 주렁주렁 달고 우리를 유혹하고 있었다. 허락도 받지 않은 채 그들이 망고를 따는 방법대로 큰 장대를 이용해서 망고나무를 향해 돌진했다. 내 손보다 더 큰 망고를 획득하고 기뻐서 어쩔 줄 몰라 하고 있는데 신부님께서 들어오셔서 호통을 치신다. 망고를 따서 모아놓은 부엌으로 우리를 데리고 들어가 맘껏 먹으라 한다. 신부님의 호통은 우리를 위한 배려다. 여행하랴 힘든데 망고 따느라 힘 빼지 말라 하신다. 그 배려와 사랑이 눈물겹다. 이 깊은 라틴 아메리카 오지에서 아무도 알아주지 않아도 목자의 배려와 선한 삶이 감동이고 고맙다.

많은 세월을 우리와 손을 잡고 가난한 아이들의 교육을 위해 힘써 주실 신부님께 작별을 고하고 그 밤으로 다시 여행을 떠난다. 태어날 곳을 선택하여 태어나는 사람은 아무도 없다. 아이들은 비록 혁명으로 얼룩진 가난과 고통의 땅에서 태어났지만 자신의 생명 받음에 감사하며 자신의 태를 묻고 부모 형제가 살고 있는 아름다운, 사빠띠스타의 고향 치아파스의 아들들임을 자랑스러워하며 하루하루 기쁘게 성장하기를 기대한다.

'오, 마이파파' 촬영하다 · 1

2016년 알로이시오 신부님의 기록영화를 촬영하기 위해 한국에서 카메라 감독과 PD 두 분이 왔다. 과달라하라에서 촬영할 내용은 신입생들이 소년의 집에 들어오는 전체 과정과 들어와서 적응하는 과정을 스토리텔링으로 찍겠다고 하였다.

연락이 왔을 때 이미 우리는 전국을 돌면서 아이들 시험과 인터뷰를 하고 있는 시기였고, 그들이 도착하는 시기는 방학이었다. 마침 우리를 간절히 기다리는 마을이 있었다. 그 마을에서 몇 년 전부터 개인적으로 학교에 찾아와 시험을 보고 공부를 하고 있는 소년들이 있었고 대부분의 사람들은 과달라하라까지 나올 수 없는 형편이었다. 할리스코주에는 위촐 인디언들이 모여 사는 산골마을이 몇 군데 있다. 그들의 고유 언어를 쓰고 문화와 전통을 지키면서 그들만의 방식으로 살고 있다. 그래도 다행인 것은 부모님들이 자녀들의 미래를 생각하면서 아이들을 학교에 보낸다는 것이다.

우리 집에서 산미켈 마을까지 가려면 차를 4번 정도 갈아타면서 15시간 정도 가야 한다. 마침 우리 집에 자주 찾아오시는 산미켈 마을의 깐델라리오씨께 연락을 했더니 그분이 반가이 자기 마을로 우리를 초대해 주시겠다고 했다. 깐델라리오씨는 인디언들이 살고 있는 위촐 마을의 유지였고 위촐어와 스페인어에 능숙해서 마리아의 종 수도회에서 진행하고 있는 인디언들을 위한 성경번역을 도와주고 있다. 신부님의 소개로 우리 집에 오게 되었고 올 때마다 산골마을의 이야기를 하면서 동네 아이들을 우리 학교에 보내고 싶어 했다. 그는 마을을 돌아다니며 아이들을 초대하겠다고 한다.

한국에서 오신 분들에게 시간은 한정되어 있어서 15시간 걸리는 산미켈을 차로 갈 수는 없었다. 다행히 인디언 마을로 들어가는 경비행기가 과달라하라에서 있다고 한다. 늘 그렇듯이 우리에게 많은 도움을 주고 계신 훌리오씨에게 전화를 해서 사정을 이야기하자 마침 그의 친구가 경비행기 회사를 운영한다고 한다. 경비행기 값이 만만치 않아 고민을 했더니 우리의 취지를 들으신 훌리오씨가 비행기 값을 내주겠다며 직접 전화를 걸어 우리의 일정을 잡아 주셨다.

인디언 마을로 떠나는 날 만반의 준비를 갖추었다. 하룻밤을 자고 와야 하기 때문에 짐도 많았고 마을에 우리가 먹을 양식이 없다고 음식도 준비하고 덮을 이불도 준비해서 오라는 연락을 받았다. 감독님 두 분과 멕시칸 안나 수련자 그리고 나는 통역을 위해 동행을 했다. 과달라하라 국제공항 옆에 경비행기 공항이 있다.

등록을 마치고 비행기에 올랐다. 비행기에 탈 수 있는 승객은 조종사를 포함하여 6명, 비행기는 한 시간 반 만에 도착한다고 한다. 도심에 15분 정도 빠져나가자 상상할 수 없이 아름다운 다른 세상이 펼쳐진다. 우기라 산이 푸르고 깊어 수많은 절경이 펼쳐지고 있었다. 해발 2천m 고지가 넘는 산들이 병풍처럼 둘러쳤고 수

많은 폭포에서는 물들이 떨어져 내리고 있다. 산허리를 감고 도는 많은 구름들과 간간히 점처럼 찍혀있는 산 위의 집과 강에서 올라온 안개가 만나 한 폭의 수묵화를 그려놓은 듯 입이 다물어지지 않는다.

저 마을에 가기 위해서는 산 밑으로 흐르는 강으로 배를 타고 들어가야 한다고 했다. 몇 년 전에 방문했던 라자릿 인디언 마을에 갈 때 배를 타고 들어간 기억도 새롭다. 경비행기의 심한 흔들림에도 아랑곳없이 우리 모두 마음과 정신을 원주민들이 살아가고 있는 아름다운 산천에 빼앗겼다. 그런데 문제가 생겼다. 산마을이 아름다웠던 것은 산허리를 돌고 있는 엄청난 구름 때문이었다. 그 아름다운 구름이 우리의 발목을 잡을 줄 어찌 알았으랴. 마을에 가까울수록 마을이 온통 구름으로 덮여있는 것이다. 조종사는 구름을 뚫고 도저히 마을로 내려 갈 수가 없다고 했다. 두세 번 선회를 하다가 다른 마을로 향한다. 마을은 우리가 가는 산미겔과 가장 가까운 곳이니 그곳에서 차로 가면 한 시간 정도면 도착할 수 있다는 것이다.

우리가 도착한 마을은 비행기에서 보았던 또 하나의 작은 인디언 마을이었다. 마을이 얼마나 높은 곳에 있는지 마을 한 바퀴를 돌면서 알게 되었다. 우리가 가야 하는 마을이 아주 멀리 보였는데 그 마을과 우리 사이에 엄청난 협곡이 있으며 우리는 바위 꼭대기에 앉아 있다는 것이다. 우리가 내린 마을은 가난한 마을이었지만 풍광이 좋고 여러 가지 전통적인 인디언 행사로 외국인들에게 널리 알려진 마을이라고 한다. 프랑스에서 온 관광객과 미국에서 온 젊은 청년도 마을을 어슬렁거리고 있었다. 비행기가 도착하자 형형색색의 전통의상을 입고 예고 없이 하늘에서 떨어진 경비행기와 우리를 구경하기 위해 아이들과 어른들이 몰려왔다. 아이들의 모습은 도시에서 상상할 수 없는 모습이다. 언제 세수를 했는지 언제 머리를 감았는지 산마을이라 물이 부족한 것을 단번에

알 수 있었다. 옷에는 땟국물이 줄줄 흐른다. 우리는 그들을 호기심으로 바라보고 그들은 동양의 낯선 우리를 호기심으로 바라본다. 아이들은 수줍어하며 말을 시키면 도망가고 작은 집에 몸을 숨기고 눈만 내놓고 우리를 바라본다.

산미켈에서 시험 시간으로 약속한 10시가 다 되어 가고 있었다. 조바심으로 어찌할 줄 몰랐다. 전화도 안 되고 동네 사람들에게 물어보니 마을 보건소에 가면 인터넷을 사용할 수가 있다고 한다. 비행기 내린 곳에서 한 10분 쯤 걸어가니 보건소가 있었다. 우리의 사정을 이야기하자 착한 아가씨가 산미켈에 살고 있는 친구가 있다며 연락을 해주겠다고 한다. 마을이 작아 사람을 찾아 바로 연락을 할 수 있을 것이라고 했다. 우리는 그 마을에 구름이 좀 걷히면 비행기를 타고 가기로 하고 기다리기로 하였다. 한 시간이 지나도 두 시간이 지나도 산미켈은 구름이 걷힐 기미가 보이지 않는다. 속은 타들어 가고 무심한 시간이 자꾸 흘러간다.

30여 명의 소년들이 우리보다 더 먼 곳에서 와서 우리를 기다리고 있을 생각을 하니 조바심이 생긴다. 그리고 촬영을 위해 이렇게 먼 곳까지 와서 고생하시는 감독님께 면목이 없다. 자연의 변화에 의한 돌발 상황임에도 불구하고 조바심과 근심을 만들어 가고 있는 나를 알아차린다.

'오, 마이파파' 촬영하다 · 2

- 마리오을 만나다

조종사는 산미켈에 구름이 걷힐 것 같지 않으니 본인은 과달라하라로 돌아가야 한다고 한다. 우리 일행에게 이 마을에서 차를 빌려 타고 가면 두 시간이면 그 마을에 도착할 것이라고 한다. 칸델라리오씨와 통화가 되었다. 그도 우리의 비행기가 선회하는 것을 보았다고 한다. 30명의 소년들이 우리를 기다리고 있다는 정보도 주셨다. 우리가 그곳으로 갈 것이니 조금만 기다려 달라는 간절한 부탁과 아이들과 부모님에게 양해를 구해 달라고 했다.

칸델라리오씨는 아이들을 데리고 우리가 있는 마을로 오겠다고 한다. 그런데 우리의 목적은 시험을 치르는 아이의 집에 가서 부모님과 인터뷰도 하고 그들이 사는 모습을 직접 촬영하는 것이었다. 성급한 부모님들이 벌써 우리 쪽으로 이동을 했다고 한다. 기회를 놓치지 않기 위해 서너 명이 대절한 차를 타고 우리 쪽을 향해 출발을 했다는 것이다. 그래도 길은 하나이기 때문에 우리가 중간에서 그들을 만나 데리고 마을로 가기로 하고 차를 수소문했다. 이 마을에서 산미켈로 가는 버스나 정기노선은 없고 개인이 가지고 있는 픽업트럭을 빌려야 했다. 우리가 예상했던 시간보다 훨씬 더 많은 시간이 걸린다고 했다. 4시간에서 5시간의 산길을 가야 하는 것이다. 그래도 목적이 있기에 강행하기로 했다. 동네에서 차를 가지고 있는 한 사람을 섭외했다. 그는 우리에게 많은 돈을 요구했다. 일단 산미켈로 가야 했기 때문에 우리의 모든 짐을 싣고 차에 올랐다. 작은 픽업트럭 안에는 두 칸의 앉을 자리가 있었다. 앞자리에 운전수와 박혁지 감독이 앉고 뒷좌석에 함께 간 PD와 멕시칸 수련 자매 그리고 내가 앉았다. 운전수는 여섯 살, 네 살 된 아들 둘을 동행했는데 아이들을 짐을 싣는 짐칸에 태우고 출발을 하는 것이었다. 너무 놀라 안 된다고 했지만 운전수는 말없이 웃고만 있었다.

산길은 우리가 예상했던 대로 비포장도로이고 울퉁불퉁 몸이 마구 춤을 춘다. 준비해온 빵으로 점심을 먹으면서 산길을 달린다. 우리가 마을 꼭대기에서 보았던 길을 돌고 도는데 걱정이 한아름이니 자연이 아름다워도 모두다 근심으로 보였다. 우리를 기다리고 있을 아이들에 대한 미안함도 컸다. 이렇게 깊고 높은 곳에서 도대체 이들은 무엇을 하며 무엇을 먹고 사는 것일까, 왜 이들은 이곳을 떠나지 못하는 것일까 궁금했다.

운전수는 넉살이 좋고 입담이 좋았다. 이야기를 하다 보니 우리 소년의 집에서 공부를 하고 있는 두 아이의 삼촌이었다. 조카 둘이 소년의 집에서 공부를 하고 있다고 자랑스럽게 이야기한다. 산길이 험해서 차가 많이 흔들거리는데 밖에 있는 두 아이가 걱정이 되었다. 그런데 아이들은 차에 매달려서 경치를 보는데 정신이 없었다. 그에게 아이들을 안으로 데리고 오자고 했더니 하는 말 "떨어지면 버리고 가면 되죠, 뭐." 멕시칸 인디언의 능청이라도 표현이 좀 심하다.

서둘러 출발은 했지만 우리가 도착한 시간은 오후 4시쯤이었다. 길은 생각보다 멀었고 오랫동안 흔들리는 차에 시달린 감독의 컨디션도 좋지 않았다. 마을에 도착해 보니 아무도 없다. 중간에서 만난 세 명의 아이와 아버지뿐. 너무 늦어 기다리다 모두들 되돌아갔다고 한다. 가는 길이 멀어 서두르지 않으면 집으로 돌아가기가 어렵기 때문에 모두 떠난 것이다. 깐델라리오씨도 보이지 않는다. 이제 어떻게 하나, 또다시 암담함이 몰려온다. 마음이 산미겔을 떠 받쳐주고 있는 마을 끝 깊은 벼랑으로 내려앉을 때, 짠! 하고 구세주 한 명이 등장했다. 우리 학교에서 공부하고 있는 중학교 2학년 마리오이다. 그 아이를 보는 순간 눈물이 다 나려고 했다. 역시 우리 학교에서 공부하는 아이답게 말쑥하게 차려 입고 머리는 젤을 발라 아주 단정하다. 수줍게 웃는 모습, 그래도 학교가 아닌 자기 고향마을에서 우리를 만나니 아이도 아주 반가워한다.

물에 빠진 사람 지푸라기 잡는 심정으로 마리오에게 도와 달라고 했다. 마리오는 부모님께 우리의 사정을 이야기하고 온 가족이 우리가 있는 곳으로 왔다. 마리오의 아버지는 그 마을에 유일하게 있는 초등학교의 교사였다. 마리오 아버지의 안내로 초등학교로 갔다. 교실이 단 두 칸뿐이며 후원을 받아 지은 이 마을의 유일한 현대식 건물이었다. 마리오 아버지는 마을 전체가 들을 수 있는 방송시스템이 있는데 마을 방송을 통해 아이들을 모집해보자는 제의를 해주었다. 방송을 통해 소년의 집에서 중학교에 입학할 학생들을 초대하니 내일 일찍 학교로 모여 달라고 했다.

소년의 집 입학생을 모집하러 왔다는 소문이 돌면서 시험 보고 싶은 아이들이 몇 명 나타났는데 감독님은 그 아이들 중에서 누구를 주인공으로 뽑을까 고민하다가 표정이 밝고 솔직한 우리엘과 아버지가 좋을 것 같다고 한다. 아버지에게 우리의 취지를 설명하자 흔쾌히 촬영을 도와주겠다고 한다. 우리엘이 중학교 진학을 못할 뻔했는데 우리가 와서 이제 학교에 갈 수 있다는 사실에 대해 너무 고마워하였다. 다행히 우리엘의 집은 학교에서 200m 떨어진 산 중턱에 있었다.

우리엘의 집을 방문하기로 했다. 다른 집들도 거의 비슷하지만 우리엘의 집은 우리가 찾던 그런 집 중에 하나였다. 진흙 블록으로 네모반듯하게 지은 단 한 칸짜리의 집, 방안에는 어떤 장식도 없다. 침대라고 만들어 놓은 것을 살짝 들여다보니 나무 상자들을 엮어 만들어 놓고 그 위에 담요를 덮어 놓은 것이다. 방바닥은 온전한 흙바닥이었다. 침대 사용은 부모님이 하고 우리엘과 그의 동생들은 흙바닥에 비닐 한 장 깔고 그 위에 담요를 깔고 잔다고 한다. 비가 오면 어떻게 하느냐고 묻자 방바닥이 다 젖는다고 한다. 부엌은 어린 시절 한국 시골에서 보았던 부뚜막처럼 생긴 자리 하나 만들어 놓은 것이 전부다. 그곳에서 토르티야를 만들어 굽고 국을 끓인다. 이런 환경에서 사람이 살 수 있다는 것이 놀랍다. 그래도 자연은 처연하게 아름답다. 우리엘 집을 그나마 환하게 밝혀주고 있는 것은 보겜빌리아꽃 나무다.

촬영할 대상을 찾았으니 그래도 다행이다. 내일은 우리엘 가족이 아침을 먹는 것부터 시작해서 시험을 치르기 위해 집을 나서는 것, 시험을 치르고 인터뷰하는 모든 과정을 찍기로 하였다. 감사한 마음 가득 저녁을 준비했다. 함께 간 안나 수녀가 우리엘 집에서 다 찌그러진 깡통에 라면을 끓여왔다. 저녁을 준비한다고 나간지 한 시간이 되도록 오지 않았는데 불을 지펴서 물을 끓이느라 늦었다고 한다. 이미 퉁퉁 불어버린 라면에 가지고 간 찬밥을 말아서 별이 쏟아지는 밤하늘 아래 맛있게 먹었다.

마리오 엄마가 손님대접 한다고 가지고 온 콩과 토르티야를, 우리를 보기 위해 학교에 모인 아이들과 함께 나누어 먹었다. 우기라 갑자기 천둥 번개가 치면서 우리의 저녁식사 시간을 불안하게 하더니 급기야 전기마저 나간다. 온 세상이 칠흑처럼 어둡다. 한치 앞이 보이지 않는다. 다행이다. 우리가 교실에서 잠을 자야 하는데 하느님께서 알아서 커튼 없이 자도 괜찮도록 불까지 가져가셨으니 말이다. 아버지 도움으로 학교를 그날 밤 숙소로 사용할 수 있도록 배려를 받았다. 우리가 고단한 몸을 누일 수 있었던 고마운 교실, 감독 두 분은 남자교실에서 책상을 모아 그 위에 담요를 깔고, 우리는 여자교실의 책상을 모아 붙여 그 위에 담요를 깔고 잤다. 우리를 초대해주고 늦어지는 바람에 떠나버린 깐델라리오 씨, 한편으로 미안하면서도 야속했지만, 하느님은 우리에게 마리오의 가족들을 보내주시어 보살펴 주셨다.

'오, 마이파파' 촬영하다 · 3

- 시험과 입학

새벽 일찍 일어나 우리엘의 집으로 갔다. 우리엘의 엄마와 누나는 벌써 일어나 아침을 준비하고 있었다. 감독은 그들이 식사 준비하는 모습에서부터 가족들끼리 아침 식사하는 모습, 우리엘이 시험을 보기 위해 전통복장을 갈아입고 집을 나서는 모든 장면을 카메라에 담았다. 우리엘 엄마는 우리를 위해 아침 식사를 준비해 주었는데 모든 과정을 지켜본 감독은 식사를 하지 못하였다. 토르티자를 만들고 국도 끓였지만 감자를 씻지 않고 껍질도 벗기지 않고 음식을 만드는 것을 보면서 선뜻 그 음식에 손이 가지 않았다고 한다. 물이 없는 산꼭대기 마을에서의 청결에 대한 개념이란 우리가 상상할 수 없을 정도다.

8시부터 아이들이 학교에 하나 둘 모이기 시작해서 바로 시험과 면접을 시작했다. 아이들이 시험을 치르는 동안 부모님들에게 소년의 집 영상을 보여주며 학교를 소개했다. 우리엘이 아버지와 함께 면접을 하고 인터뷰를 하는데 스페인어가 서툴고 처음 보는 외국인 앞에서 대화를 하는 것을 쑥스러워 했다. 감독 말에 의하면 우리엘 아버지가 영화의 주인공처럼 잘 하신다고 했다. 그렇게 시험을 마치고 학교에 입학하는 날짜를 8월 1일로 정해 주고 학교에서 만나기로 약속을 하였다.

과달라하라에 돌아와 촬영팀은 8월 아이들 입학 시기에 다시 오기로 하고 과테말라로 떠났다. 아이들이 방학에서 돌아오는 날은 보통 7월 말이다. 먼 지방에서부터 과달라하라까지 오기 위해 학부모님들은 많은 시간과 경비를 지출한다. 가난한 부모님들을 도와주기 위해 신입생들을 재학생들과 같은 날에 오게 한다. 같은 날 신입생, 재학생이 들어오면 우리에게 일이 많아 힘들어지지만 가난한 부모님들은 버스를 한 대만 대절하면 많은 경비를 절약할 수 있다. 그래서 7월 말과 8월 초는 눈코 뜰 사이 없이 바쁘다. 이때 촬영팀까지 왔으니 몸이 열 개라도 부족하다. 아이들 챙기고 신입생 받고 손님 식사도 대접해야 한다. 7월 30일에 다시 온 촬영팀은 새벽 2시부터 아이들의 도착을 대기하고 있었다. 새벽 2시 첫차의 도착을 시작으로 하루 종일 수십 대의 버스가 들어온다. 오는 시간도 장소도 모두 다르지만 아이들이 건강하게 돌아오는 모습은 큰 기쁨이다. 방학을 해서 집으로 돌아간 아이들이 오지 않으면 어쩌나 하는 조바심을 한방에 날려 버린다.

8월 1일 우리엘이 들어오는 날 촬영팀은 아침부터 경비실에서 기다리고 있었다. 도착할 시간이 되었는데도 오지 않으니 조금 염려가 된다. 우리엘이 도착한 것은 오전 11시쯤, 생각보다 많이 늦어졌는데 이유인즉 길을 잃어버렸다는 것이다. 같은 마을에 사는 마리오와 같이 왔으면 좋았을 것을 혼자 오느라고 엄청 고생을 한 것이다. 반가운 마음에 아이를 안아주었다. 그리고 함께 산미켈 마을을 방문한 안나 수련 수녀가 담당 수녀로 배정되어 우리엘을 맡게 되었다. 한 번도 가족 품에서 떠나본 적이 없는 아이, 헤어지는 아버지도 아이도 큰 슬픔이다. 이런 슬픔을 겪어야만 성장을 한다. 멀어지는 아들을 바라보는 아버지, 아들에 대한 밝은 미래를 기대는 하겠지만 혼자 남겨두고 떠나야 하는 것에 대한 연민이 묻어난다. 아이가 스페인어를 잘 못해 걱정이며 수줍음이 많아 표현하는 법도 모른다고 걱정을 했다.

우리엘은 우리가 상상했던 것보다 적응력이 좋다. 친구들을 사귀고 문화생활을 배우기 시작한다. 집에서 한 번도 사용하지 않은 포크를 사용하고 화장실 사용법도 배우고, 기도하는 법도 배운다. 산에서 태어나 산에서 자란 우리엘에게 넓은 운동장은 말로만 들었던 거대한 놀이터이고 친구들과 함께 한 수영장에서의 놀이는 천진난만한 아이들에게 맘껏 놀 수 있는 공간이 되어 주었다. 우리엘은 빠른 속도로 스페인어를 배우고 대화를 하고 기도를 하면서 자라고 있다. 한 학기 동안 몸도 마음도 훌쩍 커버린 우리엘, 처음 받았던 교복이 제법 몸에 잘 어울린다.

겨울방학을 해서 집으로 갔던 우리엘이 깜짝 선물을 가지고 왔다. 위촐 인디언들의 전통은 아이들이 초등학교 졸업을 할 때 엄마가 직접 손으로 만든 옷을 입히는 것이라고 한다. 한 땀 한 땀 손으로 수를 놓고 바느질하여 최고의 위촐 전통의상을 입혀 졸업식에 가게 되는데 옷과 함께 만드는 것이 작은 가방이다. 옆으로 매는 작은 실뜨개 가방은 옷과 세트다. 우리엘은 졸업식 때 엄마로부터 받은 그렇게도 아끼는 전통 손가방을 나에게 선물로 가지고 온 것이다. 손바닥만 한 가방, 어디서든 흔히 구할 수 있는 가방이지만 아이에게는 세상에서 단 하나뿐인 소중한 것이다. 그 작고 예쁜 가방을 내게 준 것은 아이의 속 깊은 마음의 표시다. 무엇으로 표현되지 않는 사랑을 준 것이다. 사회성을 배우고 있는 우리엘이 5년 간의 소년의 집 생활을 통해 성장하고 지식을 채우고 살아갈 방법을 배워 가족들에게 든든한 지원군이 될 날을 기대한다. 영화 촬영을 위해 우리가 보낸 시간들, 그리고 우리가 만난 사람들. 그들은 알로이시오 신부님 일대기를 한 편의 영화로 찍었다. 영화가 아니었으면 아니 알로이시오 신부님 아니었으면 우리엘이 살고 있는 산미켈 마을은 영원히 알지도 못하는 이 지구상의 그저 또 하나의 마을에 불과했겠지. 알로이시오 신부님을 통해 우리와 산미켈은 연결이 되었고 영화가 상영될 때마다, 멕시코의 이야기를 나눌 때마다 그 마을과 그때의 사건은 우리 삶의 한 페이지를 아름답게 꾸며줄 것이다. 촬영을 위해 수고해 주신 스텝들, 그리고 산미켈 마을 사람들, 우리엘과 마리오, 그들 모두에게 하느님의 축복이 함께하길 기도한다.

나자릿 마을 위촐레스(Huichols)

대부분의 위촐(Huichol) 인디언들은 어머니의 산이라 불리는 오씨덴탈(Sierra Madre Occidental Mountains) 멕시코 북서부 중부에 살고 있다. 그들의 영토는 과달라하라 북쪽 태평양 연안에서 동쪽으로 약 60마일 떨어진 곳에 위치해 있으며 위촐의 인구수는 1970년대 말에는 약 8천 명이었다고 한다.

대부분의 영토는 산악 지형으로 농작물을 재배하기에는 적합하지 않으나 공동체 형태로 주로 옥수수와 콩 등을 재배하고 가축을 기르기도 한다. 그들은 농사를 짓기 위해 산을 깎고 불태워 농작물을 재배한다. 토양은 척박하고 작물의 소출이 낮아 많은 아이들이 영양실조에 걸려있다. 위촐은 사슴을 비롯한 작은 동물을 사냥하여 단백질 공급을 한다. 그들은 멕시코 국민의 일부이며 현재 할리스코, 나자릿, 두랑고, 사카테스 네 개 주의 산 속에서 고립된 생활을 하고 있다. 그들은 아주 오래된 관습을 간직하고 있으며 자신들이 지키고 있는 전통적인 삶에 대한 우월감과 자부심을 가지고 있는 부족이다.

위촐들은 스페인 지배 당시 스페인의 지배에서 벗어나기 위해 산속으로 달아났고 사람들이 찾기 어려운 산악지역에 정착하여 오늘날까지 살고 있다. 위촐들은 스페인 정복 이후 깨끗한 상태를 유지해온 인종 그룹 중 하나라고 하며 그들은 자신을 위라리따리(Wirraritari)라고 부르며 그 뜻은 아무도 모른다고 한다. 그들은 그들만의 신비로운 문화를 가지고 살아간다. 그들은 지속적으로 반복되는 문자, 달, 태양, 나무, 나선, 산, 우주, 바다 등 끊임없이 예술과 종교를 표현하며 예술가의 마을이라고도 한다. 입소문이 나면서 많은 외국인들이 한 번씩 방문해 보고 싶다는 멕시코의 오지 마을이 되었다.

우리가 방문했을 당시 대부분의 주택은 아도베(Adobe)로 진흙으로 지어졌고 초가지붕으로 덮고 있는 돌집도 있었다. 내부에는 부엌과 침실 겸용의 단 한 개의 방만 있을 뿐이다. 그곳에서 온 가족이 함께 지낸다. 그들은 여전히 조상들이 섬겼던 신들을 섬기는데 옥수수, 독수리, 사슴, '어테'라고 부르는 태양에서 오는 빛 등이다. 21세기 인터넷의 등장으로 세상이 초스피드가 되어 가는 이 시점에서도 여전히 자신들의 문화를 지키고 전통을 고수하면서 그들만의 고유한 의상과 언어를 쓰며 국가 내에 또 다른 국가형태를 이루며 그들의 법을 만들고 그들의 대통령을 세우고 살고 있다.

나자릿주 나자릿 마을을 방문하게 된 것은 이 마을에 선교사로 계신 프란치스코 수도회 신부님의 초대를 받았기 때문이다. 신부님은 우리가 알지 못하는 세상이 저 산꼭대기 너머에 있으니 한번 방문해서 그들의 삶을 보고 그곳에 있는 아이들을 우리 학교에 초대해 주시기를 간절히 바라셨다. 나자릿 마을은 시내에서 버스로 가면 10시간 이상을 가야 하는 산골이지만 우리가 방문할 당시에는 시내에서 마을로 들어가는 경비행기가 운행되고 있었다. 그들은 경비행기를 마치 택시처럼 사용하고 있었다. 돈이 없는 사람들은 도시로 나오려면 버스를 타고 10시간 이상 내려오지만 경제적 여유가 있는 사람들이 경비행기를 부르면 30분 내에 도시로 나올 수 있다.

나자릿주는 우리가 살고 있는 할리스코주와 경계를 이루고 있다. 멕시코 수녀님과 함께 새벽에 집을 나가 나자릿 도시로 가는 첫 버스를 탔다. 3시간 만에 도착하여 9시에 나자릿 마을로 떠나는 경비행기를 탈 수가 있었다. 가방 무게와 한 사람, 한 사람의 몸무게를 재고 8명이 탑승할 수 있는 초미니 경비행기에 올랐다.

처음 타보는 경비행기, 기대가 되었다. 땅에서 힘차게 오른 비행기는 단 10분 만에 우리를 완전히 딴 세상으로 데리고 갔다. 나자릿 도시를 감싸고 있던 산, 그 속에는 또 다른 세상이 펼쳐지고 있었다. 해발 2천~4천m 고지의 산 중간 중간에 드문드문 보이는 산발적으로 흩어진 집들, 산 밑으로 흐르는 푸른 강, 도저히 사람들이 살 수 있는 곳으로 보이지 않았다. 산골동네에 있는 작은 성당 하나, 그리고 점점이 박힌 흙벽돌로 지어진 작은 집들이 있었다. 비행기가 도착하자 마을의 아이들이 우르르 몰려온다. 수도자들의 모습이 마냥 신기한가 보다. 한참을 걸어 신부님께서 소개시켜 주신 기숙학교를 찾았다. 말이 기숙학교지 진흙으로 만들어진 다른 민가보다 조금 큰 집이었다. 이 학교는 프란치스코 신부님들이 운영하는 초등학교로 산속 여기저기에 흩어져 살고 있는 아이들이 거리상 통학이 불가능하여 기숙학교 형태로 운영하면서 주말에는 집으로 간다고 한다.

약 40여 명의 초등학생들이 있었고 모두 전통의상을 입고 위촐어를 쓰고 있었다. 책임 선생님을 만나 우리 학교를 소개하고 점심 후에 6학년 아이들을 만나기로 하였다. 여학생들이 점심을 준비하고 있었는데 토르티쟈 만드는 솜씨가 어른들 같았다. 옥수수 불린 것을 맷돌에 갈아 가루를 만들어 잘 반죽한 다음 손으로 동그랗게 만든 토르티쟈를 장작불을 피워 구웠다. 콩은 한쪽 옆에 차려진 다른 장작불 위에서 몇 시간 동안 삶아지고 있었다. 그 마을에는 부엌이라는 단어가 존재하지 않는다. 바깥 어디에든 큰 돌 위에 작은 냄비를 올려놓고 불을 때면 그것이 부엌이 된다. 우리가 점심으로 먹은 것은 세 개의 토르티쟈와 콩 한 그릇이었다. 점심식사 후에 아이들을 만나 학교를 소개하고 사진을 보여주고 영상도 보여주었다. 과달라하라에 있는 소년의 집에서 중학교와 고등학교 공부를 원하는 학생들은 다음 달에 부모님들과 함께 오면 시험을 치르고 면접을 하겠다고 했다. 수줍음이 많은 아이들, 부끄러워 눈맞춤도 못하지만 좋아서 어쩔 줄 몰라 한다.

아이들을 만나고 오후에는 다른 마을로 방문을 갔다. 그곳의 초등학교는 훨씬 크고 인원수도 많았다. 교장선생님을 만나 방문 목적을 설명하자 흔쾌히 아이들을 소개해 주겠다고 한다. 교실에 들어가서 직접 아이들을 만나 우리 집을 소개했다. 다음 달에 꼭 부모님들과 함께 와서 만날 것을 약속을 하였다. 신부님께서 마련해 주신 교통편이 있어 두세 군데 마을을 더 방문하면서 우리 학교를 소개하고 초대를 하였다.

오후 늦게 나자릿에 돌아와 성당을 방문했다. 신부님께 인사 드리고 성당 구경을 나섰다. 신부님은 어떤 방으로 우리를 데리고 가셨는데 그 방에는 열 명 정도의 사람들이 앉을 수 있는 오래된 책상과 의자가 있었다. 그 방은 멕시코에서 영웅으로 존경 받고 있는 나자릿 장군이 태어난 곳이며 그분이 자란 곳이고 나자릿 장군께서 정치 회의도 하고 전쟁 구상도 한 아주 중요한 장소라고 말씀해 주셨다. 그래서 지금도 나자릿 마을 원로들이 일주일에 한 번씩 이곳에 모여 회의를 한다고 한다. 그들이 회의를 할 때 조상들을 초대하는데 그곳에는 조상을 상징하는 해골 하나가 놓여 있었다. 그들이 회의를 할 때 해골을 상 위에 올려놓고 모든 사람들이 돌아가면서 마을에서 벌어지는 온갖 이야기를 한다. '우리 집 딸은 며칠날 시집을 간다.' '우리 어머니가 열이 나서 누워있다.' '우리 집 옥수수가 병이 들었다.' '우리 개가 새끼를 낳았다.' 등등 개인의 삶을 조상께 아뢰고 마을 모든 사람들과 공유를 한다. 조상은 죽어 땅에 묻혔지만 그들은 작은 의식을 통해 여전히 그들의 조상과 연결된 삶을 살고 있었다. 멕시코 역사의 현장, 나자릿주와 나자릿 마을의 이름이 유래된 곳에 내가 와 있다는 사실이 매우 흥미롭고 마을에 대한 친근함이 생겼다.

숙소에 돌아와서, 긴 머리가 허리까지 닿은 작은 남자아이를 보았는데 아이의 모습이 좀 특별하게 보였다. 담당 선생님께서 그 아이에 대해 이야기를 해주셨는데 아이는 마을 사람들에 의해 그 해 왕으로 뽑혔다고 한다. 이 마을은 사순절 성주간이 되면 일주일 동안 마을 축제를 하는데 마을 사람들 전체가 온몸에 검은 물감을 바르고 밤새도록 춤을 춘다. 그들은 축제를 위해 1년 전 순결한 미소년 한 명을 뽑아 특별보호를 한다고 한다. 뽑힌 소년은 그 해의 성주간 축제 동안 모든 마을 사람들의 왕이 된다는 것이다. 축제를 하는 마을 사람들을 축복하고 그들을 지켜주는 수호신의 역할을 한다. 이곳에서 성주간에 벌어지는 축제가 유명세를 타면서 외국인들이 많이 오는데 아직까지 그 누구도 사진을 찍어 본 사람이 없다고 했다. 축제하는 모습을 사진을 찍거나 촬영하는 것은 허락하지 않는다. 다만 멀리서 그들의 축제를 스케치 하는 것은 허락이 되어 있다고 한다. 어떤 외국인이 숨어서 몰래 사진을 찍다가 들켜 심한 모욕을 당하고 필름을 다 빼앗기고 추방당한 적도 있다고 한다. 위촐들은 그들만의 특별한 방법으로 신을 섬기고 있었다. 진정한 가톨릭도 아니고, 그렇다고 완전한 무속 신앙인도 아니다. 그들도 세례를 받고 미사에 참석하는 사람들이 많다.

아이들이 있는 기숙학교 신부님이 마련해 주신 방에서 하룻밤을 잤다. 다음날 갑자기 몸이 가렵고 근질거려서 어쩔 줄을 모르겠다. 동행한 멕시코 수녀님이 하는 말 우리가 벼룩에 물렸다는 것이다. 밤새도록 우리는 벼룩의 밥이 되었던 것이다. 태어나 처음 벼룩에게 피를 빼앗기고 다음날 오후 늦게 우리는 집으로 돌아왔다. 위촐 인디언 마을 방문은 또 하나의 아름다운 추억거리로 내 삶의 한 페이지에 사뿐히 내려앉았다. 우리의 첫 방문 이후 위촐 아이들이 소년의 집에 와서 공부를 시작하였고 지금까지 많은 졸업생을 배출했다.

산니콜라스 마을

소년의 집 학교의 위상이 입소문이 나면서 먼 곳에 사는 사람들의 방문도 잦다. 어느 날 위촐 인디언 복장을 한 건장한 중년 남자가 방문을 했다. 자신이 살고 있는 동네의 이름은 산니콜라스 마을이며 할리스코와 나자릿 주 경계선에 있는 인디언 마을이라고 한다. 마을의 많은 아이들이 초등학교 졸업 후 중학교 진학을 하지 못하고 도시로 나가 작은 공예품을 만들어서 판다고 했다. 동네 아이들에게 공부할 수 있는 기회를 주기를 청하며 마을에 한번 방문해주기를 정중하게 부탁을 했다.

지금은 우리 학교가 멕시코 전역에 알려져 있고 우리를 도와주는 각 지역의 책임자들과 연결이 잘 되어 아이를 모집하는데 많은 도움을 받고 있지만 초창기 시절에는 수녀님이 둘씩 짝을 지어 가난한 지역을 방문하면서 소년의 집을 알리고 아이들을 초대하였다. 지금은 다행히 학교 입소문이 나면서 필요한 이들이 학교를 방문

하여 자신의 마을로 우리를 초대하고 있으니 그동안 수고한 노력들에 대한 결실을 보는 듯 뿌듯하다.

과달라하라에서 산니콜라스까지는 버스로 15시간 정도 걸린다고 한다. 두 가지 경로를 이용해서 마을에 갈 수 있는데 버스로 가는 방법과 경비행기를 이용하는 방법이다. 우리는 아저씨가 추천해주신 경로를 이용해서 산니콜라스 마을에 가기로 했다. 산후안 데 리오라는 마을에서 산니콜라스 마을로 가는 경비행기를 타면 30분 만에 도착한다고 했다. 비행기에 올라 5분 정도 지나자 지난번 나자릿을 방문했을 때의 모습과 비슷한 모습이 펼쳐진다. 높은 산과 산 사이 점점이 들어서 있는 작은 인디언 마을들, 낮게 낀 구름과 산을 돌아 흐르는 맑은 강들을 지나 마을에 도착하니 지난번에 보았던 나자릿 마을과 많이 비슷했다. 사람들의 옷차림도 인상도 환경도 매우 가난하고 소박해 보였다. 아저씨는 말을 타고 우리를 기다리고 있다가 자신의 집으로 데리고 가서 아침을 대접해 주었다. 스페인어를 잘 못하는 부인이 수줍게 인사를 하며 아침밥으로 토르티자와 콩을 대접한다. 선교사 생활을 하면 겪는 가장 큰 고충 중의 하나는 배고픔이다. 특히 아이들을 모집하기 위해 방문할 때마다 겪는 배고픔은 우리가 바치는 자연스런 희생의 기도라고 생각하게 되었다. 우리나라처럼 입에 맞는 음식을 마음대로 사 먹을 수 있는 곳도 없고, 오직 그들이 대접하는 것만 먹을 수 있기 때문에 어쩔 수 없는 희생과 극기를 해야 한다. 그래서 가난한 지역을 방문하거나 아이들을 모집하고 집으로 돌아오는 수녀님들 얼굴이 초췌해 있다.

아저씨는 오늘 마을 전체 주민의 모임이 있고 회의 후에 우리를 소개시켜줄 테니 학교를 소개하고 영상도 보여 주라고 했다. 시간은 오후 7시 이후라고 한다. 우리가 도착한 시간이 오전 10시쯤이었는데 오후 7시까지 기다리라고 하니 당황스러웠다. 산도발 씨는 마을 길옆에 있는 어떤 집으로 우리를 데리고 가서 그곳에서 쉬라고 하며 말을 타고 나갔다. 그 방은 문을 열면 마을 큰 길로 연결되는 작은 방이었는데 하루 종일 방문이 열려 있었고 잠시 있어 보니 지나가는 사람들과 마을의 주인 없는 개들이 들어와 쉬는 쉼터였다. 도저히 그곳에 있을 수 없어서 짐을 들고 나와서 마을을 둘러보기로 하였다.

대부분의 인디언 여인들이 그렇듯이 이곳 마을 여인들도 집에서 손공예를 하고 있었다. 목걸이, 귀고리, 손가방 등 작은 구슬을 꿰어 수작업으로 만든 작품들을 가지고 도시의 시장 입구에 작은 좌판을 내고 수공예품을 판 수익으로 생계를 이어가는 집이 대부분이었다. 우리가 작업하는 것을 흥미 있게 바라보니 이것저것 보여주며 사라고 한다. 함께 간 수녀님과 학교를 둘러보자고 했다. 마을 위쪽에 초등학교가 있었는데 그날따라 휴교 일이라 수업이 없었고 문도 닫혀 있다. 마을 중앙에 작은 성당이 보여 신부님께 인사를 하러 갔는데 신부님도 외출을 하고 다음날 오신다며 성당 문도 닫혀 있다. 정말 할 일 없이 마을을 왔다 갔다 하다가 보건소 같은 곳을 발견했다. 그곳에 들어가 보니 외부에서 의사 한 분이 들어와서 마을사람들 진료를 보아주고 있었다. 인사를 하고 나오니 더 이상 방문할 곳이 없다.

학교 옆 작은 벤치에 우리의 짐을 놓아두고 하염없이 앉아 있었다. 한 시간, 두 시간, 점심시간이 되어도 산도발 씨는 우리를 찾으러 올 생각도 하지 않았다. 또 다시 배고픔이 우리를 찾아왔다. 먹을 게 없을까 하고 마을을 돌아보았지만 음식을 파는 곳이 없다. 가게에 들어가 사브리따와 음료수를 사서 점심으로 때우며 하루종일 밖에 앉아 기도하다 책보다 졸면서 시간을 보냈다. 그나마 이곳은 가게라도 있어 간식이라도 사먹을 수 있으니 다행이다.

오후가 되면서 마을 사람들이 한두 명씩 마을 중심에 있는 집으로 모이기 시작했다. 오후 6시가 넘으면서 많은 사람들이 모였고 위촐어로 그들의 회의가 시작되었다. 우리는 뒤에서 도대체 무슨 소리를 하는지 모르면서 함께 앉아 있었다. 한 시간이 넘어서고 드디어 우리를 초대한 산도발 씨가 우리 곁에 와서 학교를 소개하라고 한다. 마을에는 전기도 들어오지 않았지만 발동기를 이용하여 우리가 가지고 간 영상을 돌려 학교를 소개할 수 있었다. 약 20분 정도 학교 소개를 마치고 아이들을 우리 학교에 보내길 원하면 다음 달 다시 방문을 해서 시험과 인터뷰를 하겠으니 아이들에게 공부할 기회를 주고 싶은 분들은 다음 달에 아이들과 함께 오라고 초대를 했다. 9시쯤 모임이 끝나고 산도발 씨는 저녁을 먹자며 우리를 초대했다.

온통 숯검정으로 검게 그을린 부엌에서 젊은 부인이 토르티자를 만들고 있었다. 하루 종일 제대로 먹지 못해 정말 배가 고팠지만 그곳의 불결한 상태와 음식 만드는 과정을 지켜보면서 식욕은 없어졌다. 토르티자 한두 개를 먹고 쉬고 싶었다. 산도발 씨는 우리를 아침에 내주었던 방으로 안내를 한다. 하루 종일 개들이 누워

지내던 그 침대에서 잠을 자라고 한다. 암담했다. 개들의 놀이터였고 동네 아이들이 신발을 신고 올라와 놀던 침대에서 어떻게 잠을 자야한단 말인가.

산도발 씨께 미안하지만 도저히 여기서는 잘 수 없으니 다른 곳을 선처해 달라고 했다. 그는 이곳저곳을 알아보더니 마을에서 조금 떨어진 곳에 작은 창고가 있는데 원하면 그곳에서 쉴 수가 있다고 한다. 아무려면 개들이 온종일 아지트로 삼은 이곳보다 낫겠지 하는 마음으로 그곳으로 갔다. 그곳은 화장실도, 물도, 전기도, 아무것도 없었다. 말 그대로 칠흑 같은 어둠 속을 손전등을 비추며 들어갔는데 창고라는 곳에는 맥주가 몇 백 상자 쌓여 있었다.

그래도 개들 침대보다 낫다. 평소 훈련된 긍정의 마음을 발휘하며 하룻밤을 그곳에서 보내기로 했다. 마을과 약간 떨어져 있어 호젓하고 밤하늘에 주먹만한 별들이 빛나는 것이 위안이 되어 주었다. 씻지도 못하고 피곤한 몸을 뉘고 그냥 쉬었다. 어떻게 수요일까지 이곳에서 지내야 할지, 잠도 오지 않는다. 함께 간 수녀님과 걱정을 한다. 비행기는 수요일에 온다고 했는데. 그래도 아침이 왔고 닭들의 시끄러운 소리에 잠에서 깨었다. 씻을 물도 없고 마실 물도 없다. 준비해간 생수통을 꺼내 남아 있던 물을 수건에 묻혀 고양이 세수를 했다. 함께 간 필리핀 수녀님도 몰골이 말이 아니다. 내일까지 아무것도 하지 않으면서 기다려야 하는데 정말 걱정이 크다. 아침에 보니 우리가 잠을 잤던 곳이 바로 비행장 옆의 작은 창고였다.

산도발 씨는 아침이 되었지만 우리에게 아침밥을 먹으러 오라는 소리도 하지 않는다. 그냥 앉아서 기다리고 있는데 기적같이 밖에서 비행기 소리가 났다. 정신없이 수녀님과 함께 가방을 들고 경비행기가 도착한 곳으로 달려갔다. 하늘이 보내준 선물 같았다. 너무나 배가 고픈 우리는 산도발 씨께 인사도 못하고 비행기를 타고 마을을 나왔다. 산니콜라스에서 보낸 하루가 너무 황당하여 정신이 없었는데 나중에 생각해 보니 그들은 무엇을 믿고 우리를 맥주 창고에 재워 주었을까. 우리가 밤새 맥주라도 마시면 어쩌나 걱정도 되지 않았나 보다.

그때 배고팠던 기억 속에는 천장에 닿도록 쌓여있던 코로나(Corona) 맥주상자가 함께 등장한다.

12월 마지막 날 있었던 일

멕시코 소년의 집 아이들은 1년에 두 번 방학을 한다. 그러나 치아파스주 남쪽 지방에서 올라온 대부분의 아이들이 집에 가지 못하고 수녀님들과 함께 겨울방학을 보낸다. 부모님들이 여력이 되지 않아 일 년에 두 번씩 올 수가 없기 때문이다. 거기에 중간에 있는 면회 날까지 있어 교통비 마련이 어렵다고 한다. 어떤 해에는 아이들에게 교통비를 줄 테니 집으로 가라고 해도 가지 않고 학교에 남겠다고 한다. 이유는 겨울방학에는 성탄절과 새해가 있어 모두들 축제로 들떠 있는데 집에 가면 사실 먹을 것이 없다. 방학 내내 산에서 일만 하다 오는 아이들도 많고 하루에 겨우 한두 끼씩만 먹는 아이들도 있다. 그래서 방학 후에 돌아온 아이들 모습을 보면 많이 야위고 꾀죄죄하다.

2006년 방학에 치아파스 아이들 20여 명과 오아하카주 아이들 10여 명이 집에 가지 못하고 수녀님들과 방학을 지내게 되었다.

방학 동안 집에 가지 못하는 이 아이들은 이천 명 가난한 소녀들 중에서도 가장 가난한 아이들이다. 그래서 방학 동안 이 아이들은 수녀님들의 특별대우를 받는다. 날마다 영화를 보여주고, 시내 영화관도 데리고 가고, 햄버거집이나 피자집에도 간다. 그리고 수영장은 필수 코스다. 해마다 고마운 후원자들의 따뜻한 배려로 집에 가지 못한 섭섭함을 달랜다.

소녀의 집을 병풍처럼 둘러싸고 있는 뒷산은 '어머니의 산'이라 불리는 산맥과 연결되어 있다. 이 산맥은 우리 집 뒷산에서 시작하여 수백 킬로가 넘는 다른 주까지 이어져 있다. 2006년 겨울방학, 멕시칸 허원 수녀님들은 휴가를 떠나고 집에 남아 있는 선교 수녀들과 수련 수녀님들 그리고 아이들이 함께 어머니의 산으로 산행을 하기로 하였다. 창고를 열어 원하는 간식을 마음껏 가지고 가라는 특별한 배려를 받고 각자 배낭을 메고 아이들도 수녀님들도 기대 반, 두려움 반으로 산행을 떠났다. 산에 대한 아무런 정보도 없었고 길도 모를 뿐만 아니라 어디로 내려와야 하는지도 모르면서 무모한 산행을 시작한 것이다.

일단 뒷산에서 시작은 하고 오후에 산에서 내려오는 동네에 도착하여 전화를 하면 버스를 보내주기로 했다. 무식하면 용감하다고 했던가. 무모한 초행길 총대를 내가 멨다. 산골에서 자란 아이들에게는 산길을 걷는 것이 아무것도 아니다. 평소에 산을 좋아하는 내게도 산행은 선물 같았지만 초행인 우리 수녀님들에게는 걱정이 많다. 감각만으로 길을 찾아 깊이 더 깊이 들어갔다. 산은 생각보다 깊었다. 처음 보는 이국의 산 숲 속에 자란 2~3m의 야생 선인장, 나무들. 산새들의 노래가 힘내라고 응원을 해준다. 한 시간을 그렇게 헤매다가 드디어 산길을 찾았다. 그 길을 따라 한없이 오르고 또 오르면서 우리의 산행은 시작되었다. 아이들은 걸음걸이가 얼마나 빠른지 앞질러가서 한참을 쉬면서 우리를 기다린다. 우리가 도착하면 벌떡 일어나 다시 앞장서 걸어간다. 아이들 걸음을 맞출 수가 없으니 얼마나 답답하겠는가. 같이 가자고 소리를 쳐도 아랑곳 하지 않고 날랜 다람쥐처럼 달린다. 수녀님들도 자연 속에서 맛보는 오랜만의 자유로움으로 평화로워 보였고 모두 다 행복해 보였다. 오후 12시가 되어 아이들을 모두 불러 함께 점심으로 가지고 간 토르따를 먹었다. 자신의 고향에서 걸었던 산길과 다를 것이 없다고 한다. 그러면서 우리에게 왜 그렇게 느리냐고 타박이다.

노래도 부르고 새로운 식물 앞에 멈추어서 감동도 하면서 걷고 또 걸었다. 길게 뻗은 산맥 정상에서 양쪽에 펼쳐진 세상이 멋지다. 너무 커서 한눈에 담을 수 없었던 차빨라 호수가 발밑으로 보이고 늘 크게만 보였던 도시들이 작게만 보였다. 짐작으로 지금 어느 마을쯤을 걸어가고 있는가를 가늠하면서 오후 5시에는 내려가기로 하였다. 아이들에게도 너무 앞서 걷지 말라고 하고 다음 내리막길에서는 하산을 하겠다고 알렸다.

밑으로 보이는 동네를 눈짐작 하면서 하산을 시작하였다. 우리를 앞장서 간 아이들 8명이 보이지 않았다. 다음 길에서 하산하기로 했으니 먼저 갔나 보다 생각하면서 동네까지 내려왔다. 마을에 도착하니 내려와 있어야 할 아이들이 보이지 않는다. 여기 저기 동네를 기웃거리고 동네 사람들에게 아이들 보았는지 물었지만 보지 못했다고 한다. 하산하기 시작한 지 벌써 한 시간 반이 넘었는데 아이들은 도대체 어디로 간 것일까. 함께 갔던 필리핀 영어 선생님들과 수녀님들이 반으로 나뉘어서 아이들을 찾고 나는 동네 이름을 물어 보고 집에 전화를 해서 버스를 보내 달라고 했다. 버스를 기다리는 한 시간 동안 아이들이 나타나지 않았다. 이미 날은 어두워진 상태이고 저녁 8시가 넘어서고 있었다. 걱정으로 숨도 쉬지 못하겠는데 버스가 왔다. 일단 집으로 돌아가기로 했다. 어쩌면 산 위에 나 있던 두 갈래 길에서 아이들은 우리와 다른 방향으로 넘어간 것 같다는 생각이 들었다. 산골 아이들이니 오늘 밤 잘 견디고 내일 연락 오겠지. 집에 들어가니 원장수녀님을 뵐 면목이 없다. 잘난 체하며 총대를 메고 나가서 아이들 8명을 잃어버리고 왔으니 정말 큰일이 난 것이다. 이 세실리아 원장수녀님은 걱정하지 말라고 한다. 산골 아이들이니 아마도 잘 지내고 있다가 내일 새벽에 올 것이라고 한다. 밤새 뒤척일 때마다 지금 아이들은 무엇을 할까 하는 걱정으로 "아이들 무사하게 해주세요."라고 기도를 드리면서 뜬눈으로 밤을 보냈다.

다음날 12월 31일 아침기도를 마친 시간에 사무실로 전화가 왔다. 전화를 받자 낯선 아저씨가 우리 아이들을 돌보고 있으니 데리러 오라고 한다. 너무 감사해서 눈물이 났다. 무사했구나. 밤새도록 나를 뒤척이게 만든 아이들. 집에서 농사를 지은 토마토 세 상자를 차에 싣고 그가 가르쳐준 마을을 찾아갔다. 그 마을은 우리가 내려왔던 방향과 정반대 쪽의 산마을이었다. 예상대로 아이들은 우리와 반대 방향으로 내려갔던 것이다. 우리에게 전화해준 분은 아침 일찍 밭에 가기 위해 산에 갔다가 산속에 있는 아이들을 만났다고 한다. 길을 잃고 헤매고 있는 여덟 명의 아이들을 보는 순간 아저씨는 많이 당황했지만 사정 이야기를 듣고 측은한 마음이 들어 바로 전화를 해주신 것이다.

그에게 감사하는 마음을 토마토에 담아 선물했다. 아이들의 모습을 보니 너무 미안하고 측은해 보인다. 아이들 때문에 맘고생 엄청 했지만 무사한 것에 대해 감사하며 아이들과 함께 집으로 돌아왔다. 아이들은 자신들이 내려오는 길이 우리가 정한 하산길이라고 생각을 했다고 한다. 방향 감각을 모르는 아이들이니 그럴 수도 있겠지. 미리 오른쪽으로 내려갈 것이라는 설명을 해주지 않은 내 탓이 크다. 아이들은 먼저 산에서 내려와 아무리 기다려도 우리가 오지 않으니 겁이 났다고 한다. 어둠은 내리고 배는 고파오고, 옆에서 코요테(늑대개)가 왔다 갔다 했단다. 코요테에게 잡혀가지 않으려고 밤새 한숨도 자지 못하고 자기들끼리 동그랗게 손을 잡고 앉아 묵주기도를 바쳤다고 한다. 기특한 아이들이다.

아이들이 무사한 것을 보고, 코요테한테 잡혀가지 않으려고 그렇게 열심히 기도를 했다는 소리를 들으니 울컥하면서도 아이들의 신심에 기분이 좋아진다. 한편 '너희들도 나처럼 잘난 척하다가 고생 좀 했구나' 하는 생각이 들어 쿡, 웃음이 나온다. 집으로 돌아와 원장수녀님의 야단을 맞았지만 2006년 12월의 마지막 날이고 한 해를 마감하는 날이니 용서를 해달라고 했다. 아이들은 아침을 먹고 긴장이 풀려 온종일 잠을 잤다. 그 깜깜한 산속에서 코요테로부터 스스로를 지켜내기 위해 얼마나 애를 썼을까. 그 아이들도 나처럼 그때의 일을 기억하며 살아갈까. 그날 코요테에게 습격당할 것이 두려워 밤새 잠도 자지 못하고 서로 손을 꼭 잡고 기도한 그 밤을.

무모한 산행을 통해 많은 경험을 하고 많은 것을 배웠다. 12시간의 산행으로 비록 발톱 세 개가 빠졌지만 아이들과 했던 의도하지 않은 극기 훈련을 통해 한 해를 마감하고 새롭게 시작되는 새해를 기쁜 마음으로 맞이할 수 있었다.

4.

라틴 아메리카 소년들

나는 엄청난 부자 할머니

과달라하라주에서 오하아카주까지는 버스로 약 스무 시간이 걸린다. 뜨겁고 정열적인 남쪽 지방에서 올라온 오하아카 소년 카를로스는 중학교 3학년과 고등학교 시절에 내가 담당했던 반의 학생이었다. 맑고 사슴 같이 큰 눈을 가진 아이, 어른들에 대한 예의가 바르고 늘 누군가 도움을 청하면 도와줄 준비가 되어 있는 아이였다. 아버지가 누군지 모른 채 태어나자마자 외할머니에게 맡겨져 70세 할머니를 엄마라 부르며 성장했다. 자신을 버리고 떠난 엄마, 그리움은 하늘만큼 높지만 엄마에 대한 미움도 컸던 아이, 5살 때부터 일을 시작했다. 동네 아저씨 일을 거들어주면서 1, 2 페소를 벌어 할머니께 드리면 할머니는 그 돈을 모아 콩도 사고 토르티야(Tortilla)도 샀다.

7살 무렵 처음으로 자신을 낳아준 엄마가 집에 왔다고 한다. 기쁨이 하늘에 닿았다. 그날 번 돈으로 엄마를 위해 바나나를 사가지고 집에 갔다. 자신이 선물한 바나나를 받고 기뻐할 엄마 모습을 상상하면서 너무 행복했던 아이. 그러나 엄마는 아이 앞에서 바나나를 던지면서 화를 내고 소리를 지르고 떠났다. 아이의 마음에 지울 수 없는 큰 생채기 하나가 더 생겼다. 그립고 보고 싶었던 마음이 분노로 바뀌었다. 초등학교를 졸업하고 소년의 집에 들어와서 공부를 하면서 아이는 조금씩 마음 치유를 받으며 성장하고 중고등학교를 졸업하고 취업을 했다.

6년 후 다시 만난 카를로스는 결혼을 해서 한 아이의 아빠가 되어 있었다. 자신을 똑 닮은 카를로스 2세를 데리고 내 앞에 나타났다. 아이의 어린 시절 모습과 너무나 닮아 있는 카를로스 2세. 주말이나 학교에 행사가 있는 날이면 카를로스는 부인과 아들과 함께 학교를 방문하여 여러 가지 행사에 참석하면서 작은 아이와 나 사이에 물길을 열어주었다. 아이는 나를 아부엘리따 신(Abuelita Shin)이라고 부르기 시작했다. 멕시코 사람들은 결혼을 일찍 하기 때문에 내 나이만 되어도 할머니가 된다. 낯섦과 어색함에서 조금씩 벗어나면서 아이와 친해졌고 우리는 서로를 위해 기도를 해주는 할머니와 손자 사이가 되었다.

활동적인 아이는 집에 오면 가만히 있지 못하고 호수에 가서 낚시를 하고, 수영장에 가서 수영도 하고, 체육관에서 형들과 재미있게 놀기도 하였다. 어느 토요일, 아이와 함께 방문한 엄마는 아이가 다니는 유치원에서 있었던 일을 이야기 하였다. 이제 4살 된 까를로스가 유치원에서 아이들에게 말도 되지 않는 거짓말을 해서 선생님이 엄마를 불렀다고 한다. 아이는 유치원에서 매일같이 친구들에게 자랑을 늘어놓았다고 한다. "우리 할머니 집에는 엄청 큰 건물이 있고 큰 수영장도 있고 호수도 있다. 호수에서 고기도 잡는다. 사슴도 다섯 마리나 있고 형들도 천 명이 넘는다. 자동차도 많고 큰 운동장에서 축구를 하고 바퀴가 네 개 달린 할머니의 오토바이를 타고 다닌다."라고 자랑을 늘어놓았다고 했다. 아이가 지나치게 공상을 많이 하는 것 같아 걱정된 선생님께서 엄마를 부른 것이다. 엄마는 선생님의 이야기를 듣고 웃었다. 엄마는 까를로스가 거짓말을 한 것이 아니고 진짜라고 이야기하자 선생님은 '이 엄마도 좀 이상하군' 하는 표정을 지었다고 한다. 아이 엄마는 소년의 집 이야기와 수녀님들 이야기를 하면서 아이가 말하는 것이 사실이라고 하자 선생님도 안심하면서 함께 웃었다고 한다.

아이의 눈으로 보는 세상은 얼마나 맑고 순수한가. 까를로스의 까만 큰 눈에 보인 모든 것이 아부엘리따 것으로 보였던 것이다. 그래서 자신의 할머니는 세상에서 가장 부자였던 것이다. 언젠가 까를로스가 나한테 말했다.

"할머니, 이 집에 있는 것 다 할머니 것이야?"

"그럼, 내 것이면서 너의 것이기도 하고 우리 모두의 것이기도 하지."

네 살배기 어린 카를로스가 이것을 이해하려면 몇 년은 더 자라야 할 것 같다. 잠자기 전에 나를 위해 기도를 한다는 카를로스 2세, 아빠 눈을 닮아 호수같이 맑고 고운 아이, 아이를 위해 기도 한다.

아브라함 링컨 대통령은 "대부분의 사람들은 자신이 마음먹은 정도만큼 행복하다."라고 했다. 어린 시절 엄마로부터 버림을 받았던 상처투성이의 까를로스는 지금 가정을 이루어 행복하게 살고 있다. 작고 사랑스러운 아들을 키우며 링컨 대통령의 말대로 까를로스도 자신이 마음먹은 만큼 행복을 누리고 있었으면 좋겠다. 아니 지금 누리고 있는 행복보다 좀 더 안정적이고 평온한 행복을 누리기 위해 더 큰 마음을 먹었으면 좋겠다. 어릴 때부터 엄마에게 복수하겠다고 벼르던 까를로스, 보란 듯이 잘 사는 것이 가장 큰 복수라는 걸 언젠가는 깨닫게 될 것이다.

에르네스토

에르네스토는 까를로스의 동기로 중학교 3학년 때부터 고등학교 졸업 때까지 내가 담당한 아이이다. 멕시코 북쪽 푸에블라주와 오아하카주와 접해 있는 멕시코에서 경제적으로 세 번째로 가난한 주, 게레로에서 온 소년이다.

게레로는 세계적으로 유명한 휴양지로 알려진 아카풀코 해변이 있으며 해안지대와 산악지대가 분명하게 나누어져 있다. 산악지대는 마약조직들과 조직폭력배들의 문제로 정부에서 가장 골치 아파하는 곳의 하나이기도 하다. 소년의 집 아이들 50%가 게레로에서 왔을 정도로 멕시코를 대표하는 극심한 빈곤을 겪고 있는 곳이다. 산악지대에서 온 아이들의 부모님은 마리화나를 재배해서 마약 조직에게 판매를 하여 살림을 꾸려 가기도 한다. 멕시칸들, 특히 산속에서 살고 있는 인디언들은 자녀에 대한 욕심이 많고 자녀를 많이 낳는 것이 복을 많이 받는 것으로 믿고 있다. 보통 가정에

7~8명은 평균이고 12~15명의 형제가 있는 가정도 있다.

에르네스토의 큰형 베드로는 찰코 소년의 집 5기 졸업생이다. 성품이 온화하고 책임감 있고 성실해서 수녀님들로부터 인정을 받았다. 베드로는 찰코 소년의 집이 과달라하라 소년의 집으로 분가되던 해 수녀님들과 함께 과달라하라로 왔다. 초기에 고등학교가 없었던 관계로 베드로는 독학으로 고등학교를 졸업하고 아이들 실습실(전기, 자동차정비)의 책임자가 되었다. 책임감이 강한 베드로의 성품을 보고 후원자 한 분이 장학금을 주었고 베드로는 과달라하라의 대학을 졸업하고 수사신부가 되기 위해 예수회에 들어갔다. 지금은 수도 서원을 하고 신학 공부를 하고 있으며 3~4년 뒤에는 사제서품을 받을 예정이다.

'한 가정에 한 명'은 소년의 집에 입학할 수 있는 요건 중 하나다. 가난한 이들이 많은 이 땅에 더 많은 가정에 혜택을 주기 위해 정해진 소년의 집 입학 규정이다. 그러나 특별전형도 있다. 베드로는 형제가 열두 명이다. 형제가 많은 아이들에게는 두 명까지 받는 특별규정에 의해 베드로의 동생 에르네스토가 학교에 입학할 수 있었다. 에르네스토는 형처럼 예의도 바르고 성격이 좋아 수녀님들도 잘 도와주고 리더십이 있어 큰형 역할도 했다. 우리 학교를 졸업한 에르네스토는 대학 진학을 하였고 노비아(여자친구)를 만나 결혼도 하지 않은 상태에서 아이를 갖게 되었다. 결국 결혼식도 올리지 않고 그들은 함께 살기 시작했다. 대학을 졸업하고 직장을 다니면서 에르네스토는 일과 동료들에게 빠져 부인에게 성실

하지 못하였다. 이미 아들은 세 살이 되었지만 서로에 대한 불신과 원망은 싸움으로 이어지며 결국 별거를 하게 되었다. 에르네스토는 큰 상처를 입고 시골집으로 내려가 1년 정도 농사를 짓고 살다가 심한 마음의 갈등으로 창백하고 초췌한 모습으로 나를 찾아왔다.

부모님에게조차 드러내놓고 말하지 못하는 고통을 알코올을 통해 잊어 보려고 했지만 그럴수록 자신의 첫사랑을 잊을 수가 없다고 했다. 아이를 보고 싶은 간절함에 부인 집에 찾아 갔지만 아내의 냉정함에 아이의 얼굴도 보지 못하고 돌아왔다. 어느덧 도시생활에 익숙해진 에르네스토, 시골생활의 고단함과 아이에 대한 그리움으로, 자신이 잘못 살았던 시간에 대한 죄책감으로 눈물을 흘린다. 함께 일자리를 찾아보기로 하고 부인을 잘 설득하여 같이 오라고 했다. 부부 상담을 받게 되면 본인들의 문제를 알게 되고 어디서부터 다시 시작해야 하는지 알 수 있기 때문에 희망은 있다. 결혼은 아이를 위한 것이라고, 어린 아이가 부모들의 이기적인 행동으로 인해 받을 상처를 생각해서 부모들은 자신들의 이기심은 옆으로 밀어놓고, 문제의 원인을 알아보고 관계를 회복하는 방법을 배워보라고 권했다.

혼자서 오가며 상담을 받아 본인의 문제를 조금씩 해결하고 부인을 받아들일 준비를 하고 있던 에르네스토에게 기쁜 소식이 왔다. 부인이 나를 만나러 온다고 한다. 부인은 이미 헤어지기로 마음을 정했지만 내가 보고 싶다고 꼭 한 번만 다녀가라는 말에 어쩔 수 없이 오게 되었다고 한다. 이 좋은 기회를 이용하여 두 사람의 관계를 회복시켜 주고 싶었다. 나를 믿고 같이 부부치유 여정을 해보자고 초대를 한다. 의심 반 타의 반으로 그렇게 시작된 부부 상담과 개인 상담을 통해 부부가 가지고 있는 영속적인 갈등이 무엇이며 서로에게 지뢰밭이 되고 있는 그들의 문제를 정확하게 진단해 주고 처방해 준다. 좋은 가톨릭 가정에서 양육된 부인은 남편에게 아버지의 모습을 기대했고 시골에서 가난하게 살다가 5년 동안의 기숙학교 생활을 하면서 성장한 에르네스토는 남에 대한 배려가 많이 부족했고 많이 자유로운 영혼이다. 서로의 성장과정을 이해하고 서로의 다름을 받아들이며 조율과 공감, 배려가 필요함을 배우면서 네 번의 부부 상담을 통해 조금씩 화해의 물꼬가 트이는 것을 보게 되었다. 교사자격증을 가지고 있는 에르네스토는 우리 학교에 스페인어교사로 채용되었고, 시작이 반이라고 처음에는 보기도 싫어하던 두 사람이 관계를 회복하고 부부로서 새로운 여정을 시작했다.

가장 큰 수혜자는 5살 아들 에르네스토 2세다. 관계의 기술을 배워 서로에 대한 배려와 양보를 하면서 한 가정을 이루어 가는 것은 아름다운 여정이다. 정식으로 혼인신고를 하고 성당에서 혼배미사도 드리니 부인의 기쁨이 환한 오월 장미 같다. 그녀는 어느새 둘째 아기를 가져 에르네스토 주니어에게 예쁜 동생을 선물해 주었다. 학생 시절부터 '마마 미카'라고 부르며 잘 따라주고 잘 도와주던 에르네스토가 행복한 가정을 이루게 되어 참 기쁘다. 그의 형 베드로는 나와 같은 수도자의 길을 걸으며 동생의 변화와 새로운 삶을 살아가게 해준 것에 대한 고마움을 가끔씩 문자로 전해왔다.

수없이 망가져 가는 가정들, 무엇이 문제인지도 모른 채 속수무책 망가지는 부부 관계는 대부분의 나라가 평생을 부부로, 부모로 살아야 할 결혼을 앞둔 젊은이들에게 부부가 되는 법, 부모가 되는 법을 가르치지 않는다는 것에 원인이 있다. 그러니 한 번도 살아보지 못한 삶에서 많은 실수가 있고 시행착오가 일어나는 것이 안타까운 현실이다.

미추아칸 소년 알퐁소

세상 모든 아이들이 그렇겠지만 우리 아이들에게 일요일은 축제날이다. 오전에 교리 공부를 하고 미사까지 마치면 아이들에게 자유 시간이 주어진다.

하루 종일 많은 경기들을 하는데 반 대항, 층 대항, 지역 대항 축구나 농구 경기를 한다. 아이들 이천 명이 집안 구석구석에서, 푸른 운동장에서 놀고 있는 모습은 한 폭의 그림 같다. 자유로움과 편안함을 동시에 느낄 수 있는 일요일 시간이 담당 수녀님들에게는 참으로 벅차다. 혹시라도 아이들이 나쁜 짓을 하지는 않는지, 사고는 나지 않는지 집안을 돌면서 아이들을 지켜야 하기 때문이다. 뜨거운 오후의 태양 볕에 빨갛게 그을린 얼굴이지만 아이들이 안전하게 하루를 지낸다면 수녀님들은 안심하고 충분히 감사하다. 아이들은 담당 수녀님을 경기에 초대 한다. 수녀님들이 경기에 들어가면 활기가 넘친다. 아이들의 기쁨이 배가 된다.

아이들이 일요일을 좋아하는 이유는, 일요일에 먹는 토르타도 있지만 더 큰 기쁨을 주는 것은 저녁에 보는 영화다. 소년의 집에는 TV가 없다. TV뿐만 아니라 아이들에게 핸드폰 쓰는 것도 허락되지 않는다. 5년이라는 짧은 기간을 통하여 중고등과정을 마쳐야 하는 아이들에게 시간은 물처럼 흐른다. TV를 보거나 폰을 하면서 시간을 보낼 만큼 아이들에게 주어진 시간이 넉넉하지 않다. 그리고 대중매체를 통해 아이들이 배울 것이 그리 많지 않기 때문에 아이들은 TV나 폰을 이용하는 대신 자신의 미래를 위해 무엇인가 하나라도 더 배우도록 다른 프로그램으로 배려를 하고 있다. 그래서 일요일과 아주 특별한 날 저녁식사 후에 층별로 모여서 영화를 본다. 공부하는 교실이 영화관으로 변신하고 간식으로 받은 사브리따는 아이들의 행복을 키워준다. 물론 영화를 보지 않고 책을 보거나 게임을 하면서 노는 아이도 있지만 80% 이상이 영화에 빠진다. 신입생들의 마음을 잡아 주는 것도 영화다. 산골마을에서 전기도 잘 들어오지 않는 곳에서 살던 아이들이라 큰 스크린에서 상영되는 영화는 아이들의 외로움을 잠시나마 내려놓게 한다. 간식을 먹으면서 영화를 보는 저학년 아이들의 모습은 천국이 따로 없다.

담당 수녀님들은 그 시간에 복도에 책상 하나 놓고 앉아서 아이들을 지키면서 독서도 하고 층에 필요한 것을 만들거나 아이들 옷도 꿰매준다.

그날은 일요일이었다. 아이들이 모두 영화를 보고 있을 때 나는

1층 성당에서 기도를 하고 있었다. 흔들리는 성체 등불이 마음의 평화와 안식을 주면서 기도에 집중할 수 있도록 해주었다. 그런데 갑자기 누군가 통곡하며 성당 뒤편으로 지나가고 있었다. 벌떡 일어나 비상구를 열고 나가 보니 고등학교 5학년 알퐁소다. 알퐁소는 미츄아칸주에서 온 소년으로 부모님을 모두 잃고 할머니 손에 컸다. 성품이 매우 온화하고 친절해서 의무실에서 수녀님을 도와 동생들의 상처도 치료해 주면서 봉사를 하고 있는 아이다. 아이와 함께 걸으면서 아이를 진정시켰다.

"무슨 슬픈 일이 있나 보구나. 매우 슬퍼 보여."라고 하자 아이는 고개를 끄덕거린다. 큰 눈에 눈물이 가득 고여 있다. "무슨 일이 있었는지 이야기 해줄 수 있어?"라고 하자 고개를 끄덕거린다. 알퐁소에게는 아주 친한 친구가 있다고 한다. 같은 반에 있는 앙헬이다. 앙헬은 키가 크고 아주 잘생긴 소년으로 사교적이며 책임감이 있는 소년이다.

알퐁소는 앙헬과 중학생 때부터 친하게 지내며 우정을 쌓았다. 그런데 오늘 저녁식사 후에 앙헬과 말다툼을 했는데 앙헬은 이제부터 다시는 너를 보지 않을 거라며 다신 말을 걸지 말라고 했다고 한다. 알퐁소는 그 말이 너무 서러워 어찌할 바를 모르다가 밖으로 나와 울었던 것이다. 친구의 말 한마디에 그렇게 서럽게 통곡까지 하면서 우는 것에는 어떤 사연이 더 있어 보여 좀 더 깊은 질문을 해 보았다. "앙헬이 말을 하지 않는다는 것이 너에게 어떤 의미가 있지?" 알퐁소에게 앙헬는 그냥 친구가 아니라 친형제와 같은 아이라고 했다.

알퐁소가 초등학교 4학년 때까지 마을에 친한 친구가 있었다. 그 아이의 이름도 앙헬이었고 부모님이 없는 가정에서 할머니와 외롭게 지내면서 앙헬과는 친동기간처럼 지냈다. 하루도 보지 않으면 안되는 그런 소중하고 좋은 친구였다. 그런데 어느 날 둘이 밖에서 놀고 집에 돌아오는 길에 친구가 교통사고를 당해 하늘나라로 갔다. 그 후 알퐁소는 엄청난 트라우마를 갖게 되었고 그때부터 밖에 나가는 것이 불안하고 힘들었다. 친구를 사귀기도 힘들고 남들과 이야기 하는 것도 어려웠다. 초등학교를 졸업하고 처음 소년의 집에 들어 와서도 적응하느라 애를 먹고 있을 때 친구 앙헬를 만난 것이다. 그 아이는 죽은 친구와 이름도 같을 뿐만 아니라 성격이나 생김새가 아주 비슷하다고 한다. 그러니 어린 알퐁소에게는 지금 옆에 있는 앙헬은 마치 몇 년 전에 죽은 친구처럼 느껴졌고 그 아이에 대한 특별한 감정과 애정을 갖기 시작했던 것이다.

아이의 이야기를 듣고 보고 앙헬이 알퐁소에게 한 말이 얼마나 큰 충격이었는지 충분히 이해가 되었다. 내가 도와줄 수 있는 것이 있는지 묻자 말없이 고개를 숙인다. 아이를 진정시켜 올려 보내고 앙헬을 불러 알퐁소와의 관계에 대해 물어보니 앙헬도 나름 이유를 가지고 있었다. 중학교 때부터 단짝인데 알퐁소가 자신을 지나치게 의지하는 것이 가끔씩 부담스럽고 버겁다는 것이다. 앙헬의 입장도 충분히 이해가 되었다. 그래도 오랫동안 함께한 친구인데 하루아침에 친구와 헤어지는 것은 옳지 않은 것 같다며 화해를 하는 것이 좋겠다고 했다.

다음날 두 소년이 화기애애한 모습으로 걷고 있는 모습을 먼발치에서 보았다. 벌써 화해를 하였구나! 기특한 녀석들! 그 후 알퐁소는 여러 차례 상담을 받으러 왔다. 친구를 먼저 보낸 상실의 고통과 자신 때문에 친구가 죽은 것 같은 자책감에서 벗어나도록 심리치료를 받고 회복탄력성을 키워나갔다. 친구가 죽은 것은 자신의 잘못이 아님을 알게 되면서 죽은 앙헬로부터 자유로워진 알퐁소는 학교를 졸업하고 고향으로 돌아가 대학에 다니면서 직장생활을 한다고 가끔씩 연락이 왔다.

인간은 모두가 상처를 안고 산다. 아무리 어린 시절에 겪은 아픔이어도 그것이 치유되지 않으면 평생 고통을 겪으며 살아야 한다. 알퐁소가 자신의 죄책감과 상실의 고통에서 벗어날 수 있음이 참 다행이다.

아버지가 된 소년

소년의 집 안에는 약 만 2천 마리의 민물고기가 자라고 있는 양어장이 있다. 호수 위 두 개 동의 비닐하우스 안에 틸라피아 민물고기들이 자라고 있다. 손톱만한 새끼를 양어장에 넣어 5~6개월 정도를 키우면 400~500g이 된다. 멕시코는 생선 값이 고기 값보다 비싸다. 온 가족이 생선을 한번 먹으려면 고기 값의 세 배 정도 지출해야 한다. 비싼 것도 문제지만 우리 아이들이 한꺼번에 먹을 생선량이 어마어마해서 구할 수가 없다는 것이 더 큰 문제다.

2006년 과달라하라 정부의 지원으로 양어장을 짓게 되었다. 아이들에게 민물고기를 기르는 방법을 가르쳐주고 더불어 생선을 먹게 하려는 의도였다. 양어장에서 민물고기 키우는 방법을 가르쳐주는 사람을 '비올로가(Viologa: 생물학자)'라고 부른다. 비올로가의 역할은 고기들이 잘 자랄 수 있는 환경을 조성해 주고, 시기에 적절한 먹이를 주고 청소를 해주면서 일주일에 두 번씩 물고기 무게를 재고 물고기의 건강 상태와 성장 상태를 돌봐주는 것이다. 민물고기 양식에 관심이 있는 고등학생들에게 기회를 주고 생물학자의 교육을 받으면 아이들은 세상에 나가 살 수 있는 기술 하나를 더 배운다.

틸라피아는 400g 정도로 자라면 먹을 수 있다. 양어장에서 공부하는 소년들이 그물을 던져 고기를 잡고 배를 갈라 내장을 깨끗이 씻어 주방에 갖다 주면 맛있는 생선튀김 요리를 만들어 준다.

아이들에게 생선요리는 특별 음식이다. 지하 깊은 샘에서 나오는 깨끗한 물에서 자란 생선은 신선하고 맛이 좋아서 누구에게나 인기가 있다. 생선요리가 나오는 날에는 생선요리 도시락을 가지고 소풍을 간다. 호수 주위에 둘러 앉아 맛있는 틸라피아 요리를 맛본다.

해마다 양어장에는 생물학자를 도와줄 고등학교 5학년 학생 몇 명이 책임자로 지명이 된다. 선생님이 오지 않는 날 양어장 직원을 도와 고기밥도 주고 청소도 하면서 양어장을 돌보게 한다. 그해 양어장 책임자로 뽑힌 아이는 '비에호(Viejo: 늙은이)'라는 별명을 가진 에릭이었다. 에릭은 키가 작고 까무잡잡하며 말수가 적은 아이다. 게레로 주에서 온 아이로 19세였다. 기타를 아주 잘 치고 즐겨 부르는 노래가 고향에서 자주 불렀던 란체로다. 가끔씩 학교 행사를 하면 아이는 기타를 들고 무대에 올라가 란체로를 구성지게 불렀다. 수줍음이 많아도 본인의 이야기를 곧잘 하고 공동작업 시간에는 열심히 일하는 모습이 일을 많이 해본 솜씨다. 고등학교

교리가 있던 날 아이들의 꿈을 주제로 하여, 아이들의 꿈에 대한 이야기를 들었다. 대부분의 아이들은 졸업을 하면 먼저 일을 시작해서 돈을 좀 모으면 대학을 가겠다고 한다. 대학 전공을 통하여 전문가로 성장하고 싶어하는 아이들이 대부분이다.

에릭도 손을 들더니 자신의 꿈을 이야기했다. 에릭은 학교를 졸업하면 고향에 가서 자신의 손으로 작은 집을 짓는 것이 꿈이라고 했다. 19살 된 아이가 자신의 집을 손수 짓고 싶은 꿈을 가지고 있다니 뭔가 석연치 않았다.

'친구들이 에릭을 보고 비에호라고 부른 이유가 보통의 아이들과 다른 꿈을 가지고 있어서였을까.'

내가 에릭을 만난 것은 졸업을 2개월 남겨놓은 시기였다. 집안을 돌다가 양어장으로 갔더니 에릭이 혼자서 기타를 치고 있었다. 에릭을 볼 때마다 보통의 아이들과 다른 분위기가 느껴진다. 아이들이 손꼽아 기다리는 1년에 한 번 있는 소풍도 가지 않겠다고 집에 남고 얼마 전에 갔던 졸업여행도 가지 않았다. 어떤 속사정이 있을 것이라고 생각했다. 마침 기회다 싶어 아이에게 말을 걸었다. "남에게 말 못할 무슨 사정이 있는 아이처럼 보여."라고 나의 느낌을 이야기 하자 가볍게 웃는다. 그때 나도 모르게 "너 혹시 집에 아들 있니?"라고 물었다. 에릭은 크게 놀라지도 않으면서 고개를 끄덕거렸다. 평소에 약간의 의심을 가지고 있었지만 이 아이가 아이아빠라고 수긍하는 것이 놀랍다. 아무렇지도 않은 척 "어떻게 된 일인지 잠깐 이야기를 들어볼 수 있을까?" 하고 묻자, 지나간 과거를 이야기한다. 집에는 두 살 된 아들과 부인 그리고 부모님이 함께 살고 있다고 했다. 중학교 때 여자 친구를 만났고 자신보다도 나이가 많다고 했다. 같은 마을에 살고 있으며 사귀던 남자가 사고를 당해 딱한 처지에 있어 동정심을 가지고 만나면서 친해지게 되었다고 한다. 여자가 임신이 되자 집에서는 아무렇지도 않게 여자를 며느리로 받아들였고 부모님이 자신을 대신해서 아기를 돌보고 있다고 한다. 에릭에 대한 의문이 풀리면서 왠지 마음이 짠하다.

그래서 소풍도 가지 않고 졸업여행도 같이 가지 않고 늘 혼자 있는 것을 좋아했구나. 졸업 후에 도시에서 취업을 하지 않고 집으로 돌아가서 집을 짓겠다고 한 이유가 있었구나. 이것이었구나. 아들과 살기 위해서. 두 달 후면 졸업인데 지금까지 비밀을 잘 지키고 살았는데, 에릭도 지금쯤은 이야기를 해도 괜찮다고 생각을 한 모양이다. 재학 중 결혼은 학교 규정에 어긋나지만 아이에게 졸업 기회를 주지 않으면 아이는 평생 고등학교 졸업장을 받지 못할 것이다. 어디 에릭뿐이겠는가. 성적으로 완전히 개방된 이 나라에서는 성인이 될 때까지 정결을 지키는 일이 쉽지 않다. 여자 나이 15세부터 공식적으로 모든 것이 허용된 나라에서 사는 사람들과 유교적인 교육을 받은 우리의 성에 대한 관점은 차이가 크다.

그것은 내가 해외 선교사로서 넘어야 할 또 하나의 산이다.

너를 위해

로드리고의 성적은 중학교 3학년 400여 명 중 상위권이다. 10점 만점에 9.9 혹은 9.8의 높은 점수를 받으며 중학교 내내 상위권을 유지해왔다.

어느 날 식사 시간에 수녀님들의 대화에 로드리고가 그날의 주인공으로 등장을 했다. 로드리고가 빠띠(Pati)라는 별명으로 아이들 사이에서 불리고 있다는 것이다. '빠띠'라는 이름은 파트리시아(Patricia)라는 여자이름의 애칭이다. 무엇 때문에 로드리고가 여자이름으로 불리는지 묻자 파트리시아(Patricia)가 아니라 '너를 위해'의 준말인 '빠티(Para ti)'라는 것이다. 순간 심장이 쿵 소리를 내며 목에 무엇이 걸린 느낌이 든다. 꽃미남처럼 잘생기고 말도 매우 다정하고 부드러운 로드리고가 친구들 사이에서 놀림을 당하고 있으며 그것이 성적인 놀림이라는 것을 순간적으로 알아차렸다.

수녀님들의 말에 의하면 아이의 행동이나 말이 친구들로부터 놀림을 받을 만하다고 한다. 걸음걸이, 웃는 모습, 그리고 말하는 것이 남자아이들의 놀림감이 될 정도로 여성화가 되었다는 것이다. 걱정이 되어 저녁식사 후 로드리고를 만났다. 아이를 만나 가족관계를 묻고 어린 시절의 살아온 이야기를 해줄 수 있는지 물었다. 로드리고는 큰아들이며 밑으로 동생이 세 명이고 어머니, 아버지와 함께 살고 있다고 한다. 부모님은 베락크루스주에서 커피 농사를 짓고 계시며 힘겨운 어린 시절을 보냈다. 부모님이 아침 일찍부터 커피밭에 나가시면 유치원에서 돌아온 로드리고는 동생들과 놀았다. 6살 되던 어느 날 마을 청년이 집으로 찾아와 잠깐만 자기 집에 가자고 했다. 평소에 알고 지내는 이웃 형이라 청년의 집으로 갔는데 그만 거기에서 성폭행을 당한 것이다. 청년은 부모님에게 알리면 죽일 수도 있다는 협박을 했다. 어린 로드리고는 자신에게 무슨 일이 일어났지만 부모님에게 말을 할 수가 없었다. 태어날 때부터 차분하고 활동적이지 않아 집에서만 있던 아이가 당한 엄청난 폭행은 아이의 삶 전체를 흔들어 놓는 사건이 되었다. 그 이후에도 여러 차례 청년은 부모님이 없는 틈을 타서 집에 와 로드리고를 성폭행했다. 아이는 성폭행을 당하면서 자신이 여자인지 남자인지를 분간할 수 없는 성 정체성의 혼란을 겪으면서 성장을 했다.

그렇게 초등학교 들어가기 전까지 여러 차례 성폭행을 당하면서 말수는 없어지고 공부에만 몰입하면서 초등학교 내내 일등 자리를 놓쳐본 적이 없다고 한다. 중학교 진학을 해야 하는데 아버지가 고민을 하고 있을 때 소년의 집 학교를 알게 되었고 아이는 학교에 가겠다는 선택을 하였다. 소년의 집에 들어와서 중학교 1~2학년 때는 특별한 모습을 보이지 않았는데 사춘기 중3이 되면서 본인 안에서 느껴지는 복잡한 감정으로 자신을 여자라고 생각하기 시작했다고 한다. 마치 어린 나이에 성폭행을 당한 아이들이 성 정체성에 혼란을 겪듯 로드리고도 그렇게 혼란을 겪고 있었다. 그래서 여자처럼 행동을 하게 되었다는 것이다. 걷는 것, 말하고 웃는 것, 목욕을 해도 큰 수건으로 몸을 가리면서 여자 같은 흉내를 내자 동료들이 자신을 빠띠(Pati)라고 놀리기 시작한 것이다.

자신의 정체성을 바로 잡아야만 하는데 아이는 스스로를 여자로 알고 있는 것이 가장 큰 문제였다. 어린 시절에 성폭행을 당한 것은 본인의 잘못이 아니었음을 먼저 가르쳐 주었다. 그리고 어떤 행동을 해야 자신을 보호할 수 있는지 내면의 힘을 키워가기로 했다. 성폭행을 당했다고 이 아이를 집에 보낸다면 아마도 많은 아이들이 집으로 돌아가야 할 것이다. 멕시코는 성적으로 매우 개방되어 있을 뿐만 아니라 어린 아이들이 성폭행의 희생양이 될 위험에 노출되어 있는 것이 아픈 현실이다. 집에서 마을에서 도시에서 시골에서조차도 어린 아이들에 대한 성폭행이 쉽게 자행되고 있음을 아이들과의 만남을 통해서 알게 되었다. 그러나 아이는 자신을 지키지 못했다. 몇 명의 중3학생들을 만나면서 상태의 심각함을 알게 되었다. 같은 층에 살고 있는 다른 사춘기 청소년들은 로드리고가 엉덩이를 씰룩거리며 걷는 모습만 보아도 가슴이 뛴다고 했다. 어느 날은 밥을 먹을 수가 없어 밖에 나가 숨이 차도록 운동장을 뛰기도 했다고 한다.

어떤 아이는 로드리고의 태도를 보면서 자신의 감정이 잘 조절되지 않는다고 하소연했다. 몇 차례 로드리고를 만나 호수 주변에 만들어 놓은 권투장에서 운동을 하면서 맘껏 에너지를 발산해 보도록 지도를 했다. 그러나 로드리고는 "수녀님이 아무리 저한테 남자처럼 운동도 하고 권투도 해보라고 하지만 제가 마음에서 여자라고 느껴지는 것을 어떻게 하겠어요."라고 대답을 했다. 결국 결정을 해야 했다. 여러 아이들을 보호하기 위해 로드리고가 학교를 포기해야 했다.

본인의 행동을 변화시킬 마음이 없고 친구들이 휘파람을 불고 야유하며 빠띠(Pati)라고 놀리는 것을 웃으면서 받아들이는 아이를 더 이상 소년의 집에 둘 수가 없어 부모님에게 연락을 했다. 아버지는 먼 지방에서 아들에게 무슨 심각한 일이 생겼나 보다 생각하며 올라왔다고 한다. 아버지는 당신의 아들이 어린 나이에 성폭행을 당한 것을 모르고 있었다. 기막힌 현실 앞에 아버지는 눈물을 흘렸다. 자신이 아들을 지켜 주지 못한 것에 대한 죄책감 때문에 몹시 괴로워했다. 어릴 때부터 로드리고는 다른 아이들과 달리 수줍음이 많고 초등학교 2~3학년만 되어도 노비아(여자친구)를 사귀는 다른 아이들에 비해 여자에 대한 아무런 관심도 보이지 않았다고 한다. 초등학교 6년 동안 성적이 좋아 매우 자랑스러웠다고 했다.

남아 있는 많은 아이들을 위해 로드리고를 집에 보내야 하는 사정을 이야기하자 아버지는 수긍하며 잘 받아 주었다. 로드리고를 폭행한 청년은 이미 그 마을에서 떠난 지 오래 되었다고 한다. 로드리고뿐만 아니라 개인적으로 만났던 중성성을 가진 다른 아이들도 성폭행을 당한 경험을 가지고 있었다. 어떤 아이들은 부모님께 바로 알려서 도움을 받는 아이도 있고 어떤 아이들은 로드리고 같이 부모님께 한 번도 알린 적이 없다고 한다. 한때 성 정체성의 혼란을 겪는 비슷한 아이들끼리 모여 돌아다니면서 이상한 분위기를 조성하여 우리의 관심 대상이 되었던 아이들 대부분이 성폭행에 희생된 아이들이었다.

심리치료 대가이신 최성애 박사님과 조벽 교수님이 과달라하라에 방문했을 때 이 문제에 대한 질문을 드렸다. 태어날 때부터 중성성을 가지고 태어나는 사람들이 전체 인구의 4% 정도라고 한다. 우리 아이들이 이천 명이니 우리 집에서는 약 80명 정도의 중성성을 가진 아이들이 있는 것이 정상이라고 했다. 누구의 잘못인가, 태어날 때부터 그런 모습으로 태어나다 보니 나쁜 마음을 가진 사람들의 표적이 되어 폭행을 당하면서 그들의 정체성은 더욱더 딜레마에 빠지고 말아 안타깝다.

누구를 탓하고, 누구를 원망해야 하나. 어쩌면 우리 인간들이 짓는 죄를 그들이 대신해서 지고 가는 것이 아닐까 생각해 본다. 로드리고는 지금쯤 어떻게 되었을까. 그 아이를 위해 기도한다.

결혼은 아이를 위한 것

2006년도에 고등학교 졸업반 담당수녀를 할 때 처음 만난 후안은 갈색 피부에 키도 크고 책임감도 있었다. 부모님에 대한 기억은 없고 어릴 때부터 삼촌과 할머니 밑에서 성장을 했다. 멕시코의 아이들은 자신들을 키워주는 사람을 엄마라고 부르는데 후안의 엄마는 70세가 넘은 할머니였다. 할머니에 대한 사랑이 각별하고 기특했던 후안은 고등학교를 졸업하고 돈을 벌어서 할머니와 함께 사는 것이 꿈이었다.

후안을 다시 만난 것은 2016년, 이미 성인이 되어 있었고 결혼을 해서 아이까지 있었다. 후안의 방문에서 부부갈등이 있음이 눈에 띄었다. 이야기를 들어 보니 현재 살고 있는 집이 부인의 친정집이라고 한다. 부인은 매우 헌신적이고 교육을 잘 받은 여자였다. 신앙심이 매우 깊고 아이를 잘 키우고 있었다. 문제는 후안이 어린 시절 정상적인 보호를 받지 못한 까닭에 내면에 잠재된 상처

많은 아이가 쉽게 보채면서 남편으로서의 역할을 제대로 하지 못하고 있다는 것이다. 부인의 친정집에 사는 것도 마음에 들지 않았지만 장모의 잔소리가 후안을 더 불안하게 만들었다. 후안의 장모님은 친절하고 교양 있는 부인이었지만 후안은 그들의 이야기를 간섭이라 여기며 매우 불편해했고 자신을 무시한다고 생각했다. 부인은 남편이 아직 정신적 성장을 못한 것 같다고 걱정을 했다. 집으로 돌아가기 전에 후안에게 결혼은 아이를 위한 것이니 부부 사이의 좋은 모습, 좋은 관계가 아이에게 가장 큰 선물임을 잊지 말라고 당부하면서 아이를 위해서도 자신을 양보하면서 살아보라고 충고해 주었다.

한 달이 지나고 부인으로부터 전화를 받았다. 남편이 집을 나갔다는 것이다. 후안은 치아파스주가 고향이다. 부인은 울면서 후안이 별거를 하자면서 자기 고향으로 내려갔는데 아들이 날마다 아빠를 찾는다고 울먹인다. 수녀님의 말이라면 자다가도 벌떡 일어나는 남편이니 제발 남편이 돌아오도록 도와 달라는 것이었다.

후안의 전화번호를 받아 통화를 해보니 후안은 벌써 고향집에 내려가 할머니와 살면서 그곳에서 직업을 알아보고 있었다. 삼촌들이 처가 쪽에서 무시당하지 말고 자신들과 함께 살자고 했다면서 직장을 찾았다고 한다. 후안을 설득해서 한 번만 나를 만나러 오라고 했다. 후안의 고향은 과달라하라에서 25시간이 넘는 멕시코와 과테말라의 국경지역이었다. 그동안의 우리의 인연을 생각해서 한 번만 만나자고 했다. 후안은 생각을 해보고 아이들 개학할 때 그곳 출신 아이들과 같이 오겠다고 하였다.

후안은 약속한 것을 잘 지키는 아이다. 일단 약속을 받아 내었으니 부인에게 전화를 걸어 방학 지나 개학 때 오게 될 것 같다고 전해주었다. 학교 가까이 살고 있는 부인은 개인 면담을 먼저 시작하기로 하였다. 본인의 문제를 알고 남을 알아야 받아들일 내면의 힘도 생기는 법이니까. 부인은 매우 신앙심이 깊은 가정에서 자랐다. 아버지의 사랑도 많이 받고 공부도 많이 했다. 그런 반면에 후안의 가정은 불안했고 어릴 때부터 버림받은 상처를 안고 있으면서 여자에 대한 트라우마도 가지고 있었다. 부인에게 후안의 상태에 대해 이야기 해주며 그들이 가지고 있는 영속적인 갈등은 어린 시절의 성장과정에서부터 시작되고 있음을 알려 주었다.

후안이 아닌 다른 어떤 남자와 결혼을 했어도 두 사람이 가지고 있는 영속적인 갈등은 어쩔 수 없는 현실적인 것임을 받아들이고 그것을 다루는 방법에 대해 배우기로 했다.

자존감 낮은 후안은 누군가 자신을 무시하는 듯한 말과 태도에 상처를 쉽게 받고 마음의 문을 닫아 버린다. 반면 부인은 아버지로부터 받았던 사랑이 각인되어 있으면서 남편을 향해 무의식적으로 아버지의 사랑을 요구하기도 한다. 그런 갈등으로 소소한 부딪힘이 오가면서 부정적인 감정의 교류로 인해 두 사람 사이의 신뢰는 바닥이 나 있었던 것이다.

방학 후 아이들이 오는 차편으로 후안이 집으로 돌아왔다고 연락이 왔다. 사춘기 시절 어렵고 힘겨웠던 시기에 자신을 동행해

주었던 나를 믿고 후안은 성실하게 상담을 받기 시작했다. 자신에 대한 긍정성을 찾기 시작하면서 후안은 과거의 상처에서 벗어나며 조금씩 성장하기 시작했다. 후안을 꼭 닮은 예쁜 아들, 그 아들은 하늘이 외로운 후안에게 준 선물이었다. 아들에게 자신과 같은 외로움을 주지 않으려면 부부가 화해를 하고 관계를 잘 맺어 아들을 잘 키워야 한다는 말에 수긍을 했다. 부인이 잘 배우고 배운 것을 실천하였으므로 둘의 관계는 빠르게 회복되어 갔다.

다시 돌아온 아빠를 보는 아들의 기쁨과 행복한 모습에 후안도 자신이 잘 돌아왔다고 말했다. 그들의 가족이 이 세상에서 성가정을 본받아 행복하게 살기를 기도한다.

결혼을 통해 인간은 성장한다. 부부를 통해 생명이 태어나고 그들은 희망이라는 이름으로 이 땅을 지켜나간다. 희망의 이름으로 태어난 이 땅의 무수한 아이가 부모님의 무분별한 싸움과 이기적인 태도로 상처를 받는 일이 없기를 진심으로 기도한다. 결혼은 아이를 위한 것이며, 아이에게 희망을 주고, 생명을 주는, 이 세상에서의 가장 아름답고 가치 있는 일임을 모두가 기억했으면 좋겠다.

몰리노시티

이천 명의 소년들과 살면서 되풀이되는 어려움을 있는데 우리를 늘 곤란하게 만드는 문제가 '몰리노 마을'에 관한 것이다.

몰리노라는 마을은 소년의 집에서 차로 5분, 걸으면 한 시간 정도 걸리는 소년의 집에서 가장 가까운 동네다. 높은 산세로 둘러쳐진 마을은 과달라하라에서 50㎞ 떨어져 있고 멕시코에서 가장 큰 차빨라 호수가 20분 거리에 있는 작은 마을이다. 대부분의 사람들은 옥수수 농사를 지으며 사는 가난하고 아주 작은 마을이다. 마을에는 초등학교가 하나 있고 중학교와 고등학교에 가려면 버스를 타고 다른 마을로 가야 한다. 불과 몇 개월 전만 해도 무선전화가 터지지 않는 지역이었으며, 최근에는 마약을 하는 사람들이 숨어 들어온다는 소문도 있다.

우리 아이들은 이곳을 '몰리노시티'라고 부르며 이 마을에 가는 것을 좋아한다. 아이들은 방학해서 집에 가면 일을 해서 돈을 번다. 농촌이나 도시 어디든지 아이들이 마음먹고 일거리를 찾으면 본인들의 차비 정도는 마련할 수가 있다. 그리고 오랜만에 집에 돌아온 아이들을 다정하게 대하는 가족들은 당신 사랑을 돈이나 물질로 표현한다. 개학날 저녁이 되면 담당 수녀님들은 아이들의 돈을 걷어서 이름과 금액을 적고 명단을 만들어 사인을 하고 공동으로 보관한다. 다음 학기 방학 전날 수녀님들은 보관해놓은 돈을 아이들에게 되돌려준다. 아이들은 이 돈으로 집으로 돌아가는 교통비나 식사비로 사용한다.

그런데 문제는 고학년이 되면서 돈을 다 내지 않고 숨긴다는 것이다. 그리고 숨겨놓은 돈을 쓰기 위해 토요일이나 일요일이 되면 몰래 몰리노 마을에 가서 물건을 사가지고 온다. 학교 규정상 돈을 쓰지 못하게 되어 있고 허락 없이 외출을 나가서도 안 된다. 그럼에도 불구하고 아이들은 수녀님들의 눈을 피해서 산길로 돌아 몰리노를 다녀오는데, 문제는 늘 그 후에 벌어진다. 사가지고 온 물건이나 식품을 혼자서 먹고 치우는 것이 아니라, 다른 아이들에게 두 배로 팔거나 아니면 다른 아이들에게 유혹 거리를 제공하면서 남의 물건을 훔치는 범죄의 기회를 만들어 준다. 그러다 자기들끼리의 싸움으로 번지고 결국 사무실까지 불려오는 일이 발생한다.

시간이 지나면서 아이들의 대담성이 자란다. 점점 사가지고 오는 물건들이 다양해진다. 껌, 사탕, 젤(머리에 바르는 것), 사브리따, 티셔츠, 운동화 등이다. 몰리노에 가는 아이들에 대한 벌칙을 강화하고 부모님들에게 편지도 써 보내고 돈을 주지 말라고 협조문도 보내며 온갖 방법을 다 동원해도 이천 명이 넘는 아이들의 일거수일투족을 지킨다는 것은 불가능하다.

초등학교를 졸업하고 공부할 기회가 없어 일을 하다가 소년의 집에 들어온 아이들은 나이가 제법 있다. 한국처럼 같은 나이에 학교에 들어가는 것이 아니니 1년에서 2년 정도 일을 하다가 들어온 아이들 중에 큰 아이는 한국 나이로 16세도 있다. 그러다 보니 신입생 아이들의 연령이 각각 다르고 경험 차이도 매우 다양하다. 그래서 생각해 낸 것이 아이들을 구분하여 생활실을 만드는 것이다.

신입생들 반을 배정할 때 키 순서대로 작은 반, 중간 반, 큰 반을 나누어 보니 아이들의 나이가 비슷하고 큰 아이가 작은 아이를 괴롭히는 빈도가 줄어들었다.

초등학교를 갓 졸업한 아이들은 아무래도 순수한 면이 있다. 바깥세상 물을 먹지 않음으로 좀 더 순종적이고 아이답다. 사회생활을 해보고 들어오는 아이들도 나름 긍정적인 면이 많다. 고생을 해보았기 때문에 이곳에서 공부를 할 수 있는 것에 대해 감사하는 마음이 있고 일을 잘한다. 그러나 가끔 사고를 칠 때는 감당하기 어렵다. 사회생활을 통해 어떤 것을 경험했는지는 본인만이 알고 있다. 이렇게 큰 아이들이 기숙학교에 와서 동생뻘 되는 아이들과 똑같은 옷을 입고 규칙 생활을 하다가 방학이 되어 집으로 돌아가면 아무래도 자유로움을 많이 느낀다. 이렇게 큰 아이들이 돈을 가지고 오면서 문제가 시작되는 것이다. 사춘기 청소년들의 참을 성은 한계가 있기 때문에 가끔씩 일탈을 하고자 하는 마음은 알지만 단체 생활의 규칙을 어기게 되면 공동체 전체가 힘들어진다.

담당 수녀님들은 아이들이 몰리노 마을에 가서 물건을 사오거나 혹은 요즘 새로 생긴 PC방 가는 문제로 속을 썩인다. 하루는 아이들 서너 명을 앞장세우고 아이들이 다닌다는 산길을 따라 몰리노를 가보기로 했다. 동행한 아이들은 학교에서 알아주는 모범생들이니 길을 알 리가 없다. 그래도 짐작을 하면서 길이 난 곳을 따라 한 시간 이상을 걸었다. 드디어 길이 끝나는 지점, 몰리노로 내려가는 길이 나왔다. 이 먼 곳을 아이들은 껌 하나, 사브리따 하나 사러 오는 것이다. 배가 고파서가 아니라, 그냥 일탈을 하고 싶은 것이다. 남자 아이들 세계에서 특별한 행동을 하면 영웅 대접을 받는 것은 어느 나라나 똑같다. 아이들은 이 먼 길을 걸어왔다가 다시 돌아오기를 반복하며 무엇인가를 사가지고 오면 또래들은 그 아이를 부러워한다.

마을에 내려가서 가게를 둘러보았다. 아이들이 얼마나 내려오는지, 그리고 아이들에게 무엇을 팔고 있는지, 아이들이 오면 물건을 팔지 말아달라고 부탁도 하면서 마을을 돌았다. 몰리노시티는 신입생들이 들어와서 고향집이 그리워 도망칠 때 첫 번째 만나는 동네다. 그 동네와 얽힌 이야기는 너무나 많다. 아픈 기억, 아이들이 그 마을에 가지 않았더라면 벌어지지 않았을 많은 이야기들, 그중에서 내 인생의 한 획을 그었던 한 사건은 내가 죽어지고 갈 아픈 기억이 될 것이다.

그 이야기는 지금 꺼낼 수가 없다. 좀 더 시간이 지나면 이야기할 수 있으려나…. 아직도 그 사건을 생각하면 내 안에서 진홍빛 피가 솟구친다. 사건을 벌인 아이들의 인생에서도 몰리노의 기억은 아픔이 되어 고비 고비마다 붉어지는 얼굴로 드러날 것이다.

졸업여행

- 과달루페 성지

멕시코 사람들이 일생에 꼭 한번 방문해 보고 싶은 곳, 꼭 가야만 하는 성지가 있다. 멕시코가 정복자들에 의해서 온갖 핍박과 설움을 당하던 1531년 12월, 수도 멕시코시티 테페악 언덕에 세계 최초로 과달루페 성모님의 발현이 있었다.

1531년 12월 9일 이른 아침 후안 디에고(Juan Diego)는 아침 미사에 참여하기 위하여 자신의 집에서 수 킬로 떨어진 수도회 성당으로 걸어가고 있었다. 후안 디에고가 테페악(Tepeyac) 언덕(현재 수도인 멕시코시티)의 고갯길을 넘어가고 있을 때, 찬란한 빛이 비치고 있었으며 천상의 음악소리와 함께 아름다운 부인의 모습으로 한 여인이 나타났다. 부인은 후안의 이름을 부르며 후안이 사용하던 인디언 언어인 나후탈(Nahuatl)어로 말하였다.

"잘 들어라. 나는 하늘과 땅의 참된 창조주이신 하느님의 영원한 동정 성모 마리아이며, 너는 나의 작은아들이다. 나는 이곳(테페악 산)에 성당을 세우기를 간절히 바란다. 그 성당에서 나의 사랑, 나의 자비, 나의 도움과 보호를 모두에게 베풀겠다."

후안 디에고는 이 메시지를 스페인에서 온 후안 데 수마라가 주교에게 전했다. 그러나 주교는 전혀 믿으려 하지 않았다. 오히려 주교는 후안에게 그의 말이 참이라면 그것을 증명할 수 있는 기적의 증표를 보여 달라고 요구하였다. 주교관에서 나온 그는 같은 날 성모 마리아를 만났던 장소로 다시 갔다. 그곳에서 성모 마리아를 다시 목격한 그는 주교가 자신의 말을 믿으려 하지 않는다며 하소연하였다. 그러자 성모 마리아는 "후안, 네가 처음 나를 만나서 이야기를 나누었던 장소에 가 보아라. 산 위에 올라가면 거기에 많은 장미꽃이 피어있는 것을 보게 될 것이다. 그것들을 모아서 이곳에 가져와 내게 보여주어라."라고 말씀하셨다. 테페악 언덕 정상은 꽃이 필 수 없는 험한 바위 언덕이었으며 당시 겨울이었기 때문에 성모 마리아의 말은 상식적으로 납득이 가지 않았다. 그러나 후안은 그곳에서 카스티야산 장미꽃들이 만발한 것을 목격하였고, 꽃들을 꺾어 자신의 틸마(인디언의 망토)로 쌌다. 그러고는 서둘러 내려와 성모 마리아에게 다시 갔다. 성모 마리아는 그가 가지고 온 장미꽃들을 보고 손수 그의 틸마에 가지런히 다시 놓아주었다. 그리고 "후안, 장미송이를 주교에게 가지고 가거라. 이것은 내가 주는 표적이다. 너는 주교에게 이것들을 가져가서 내 소망을 깨닫도록 하고 내가 요청한 일을 수행해야 한다는 것을 내 이름을 들어 말하도록 하여라. 너는 나의 심부름꾼으로서 신념을 지니고 행동하도록 하여라. 그리고 나는 너의 틸마에 싸인 꽃송이들을 주교 앞에 나아갈 때까지 풀어 보이지 않을 것을 엄격하게 명령한다. 조심해서 가져가도록 하여라. 네가 그에게 모든 사실을 설명할 때, 내가 너를 산 위로 보냈으며 거기에서 이 꽃들을 발견했다고 전하여라. 그렇게 한다면 너는 그를 설득할 수 있을 것이며 내가 요구한 성당이 세워지는 날까지 너는 그의 도움을 받게 될 것이다."라고 말씀하셨다.

후안 디에고가 수마라가 주교에게 가서 "성모님께서 보내신 꽃입니다. 받아주십시오."라고 말하고는 틸마를 펼쳐 담아온 장미꽃들을 보여주었을 때, 신기하게도 장미꽃들이 마룻바닥에 폭포처럼 흩뿌려지면서 성모 형상이 후안 디에고의 틸마에 새겨져 나타나는 기적이 일어났다. 이를 본 수마라가 주교는 경이로움에 그 즉시 성모 형상이 새겨진 틸마 앞에 무릎을 꿇었다. 그리고 눈물을 흘리며 성모 마리아의 요청을 믿지 않고 무시한 자신에 대한 용서를 청하는 기도를 바쳤다. 성화에 새겨진 성모 마리아의 키는 1m 45 ㎝이다. 피부색은 인디언처럼 거무스름한 황갈색이고 머리카락은 검은색이다. 목에 건 십자가 목걸이는 스페인 선교사들이 선교한 가톨릭교회를 표시한다. 머리에서 발아래까지 길게 내려온 외투는 밝은 청록색으로, 이 색은 거룩함을 뜻한다. 이 외투는 세례와 새로운 생활을 상징하는 46개의 팔각의 별로 장식되어 있다. 또 성모 마리아는 금빛의 꽃무늬가 새겨진 엷은 분홍색 드레스를 입고 있으며, 하얀 소매 깃은 순교를 표시한다. 가슴 부근에 달린 검은색 리본은 토착민 전통에 의한 것으로 임산부를 의미한다. 그리고 성모의 모습은 햇빛과 같은 금빛 광선으로 둘러싸여 있고, 그 형상은 마치 광선이 구름을 물리치는 듯하다. 또 악마를 상징하는 검은 초승달을 밟고 서 있는데, 그 밑에는 한 어린 천사가 성모의 옷자락을 떠받들고 있다. 성모의 얼굴은 아주 아름다운 젊은 여성의 모습으로, 약간 홍조를 띤 두 볼과 아래를 내려다보는 눈은 자비와 겸손을 드러내고 있다. 성모님 성화는 현대과학으로 풀 수 없는 신비를 간직하고 있다.

1979년 적외선을 이용해 형상을 조사한 미국 과학자들은 "인간의 손으로 그린 그림이 아니다. 도료나 붓질 흔적이 전혀 없다."라는 결론을 내렸다. 과학자들은 성모의 눈을 우주광학 기술로 2500배 확대해 보는 순간 소스라치게 놀랐다. 홍채와 동공에 동일 인물들이 비쳤기 때문이다. 디에고가 망토를 펼쳤던 순간과 몇몇 인디오 가족들이 보였다. 오늘날 과달루페 성모발현 장소는 연간 1천만 명이 순례하는 성지로 사랑받고 있다. 테페약 언덕에는 1709년 제2차 바티칸 공의회의 지침에 따라 두 번째로 세운 현대식 대성전이 옛 성전 옆에 나란히 건립됐고 과달루페 성모님은 멕시코의 수호자로 선포됐다. 500년 넘는 세월이 흘렀지만 성모 형상의 섬유조직과 형태, 색감에는 변함이 없다. '연구하고, 또 연구해도 인간적 설명이 불가능한 신비'라고 디에고의 망토를 연구한 많은 과학자들이 증언했다.

가난한 소년의 집 아이들은 한 번도 성지를 방문해본 적이 없다. 그들의 소망은 성지를 방문하여 멕시코의 여왕이며 어머니이신 성모님께 인사를 드리는 것이다. 해마다 고등학교 졸업식이 있기 전 졸업생 아이들을 위한 여행을 준비한다. 그 해 잘 알고 지내는 은인의 도움으로 아이들과 과달루페 성지를 방문하게 되었다. 아이들은 믿을 수 없다는 듯이 두고두고 성지 방문을 화제로 삼았다. 몇 달 전부터 졸업 감사 미사를 드릴 수 있도록 성지에 신청을 하고 계획을 세웠다. 미사성가를 연습하고 성모님께 어떤 선물을 드릴지 각자 준비를 하면서 참으로 설레고 떨리는 마음으로 버스 5대에 나누어 타고 밤새도록 달려 새벽 5시에 성지에 도착했다. 성지는 6시가 되면 문을 열고 6시 30분부터 하루 종일 시간별로 미사가 봉헌된다. 수천 명이 수용되는 대성당에서 매 시간마다 봉헌되는 미사시간에 빈자리가 없을 정도로 사람들이 많이 모인다. 아이들이 직접 성가 연주를 하고 성가를 부르며 미사를 봉헌하기로 하였다.

- 떼오티와깐(Teotihuacán)

과달루페 성지순례를 마치고 40분 정도 이동하여 떼오티와깐으로 가는 길, 멕시코 시에서 벗어나 북쪽으로 50㎞ 떨어진 곳에 있는 떼오티와깐은 '신들이 탄생한 곳'이라는 뜻을 지닌 멕시코의 고대도시다.

기원전 200년경부터 주민들이 거주하기 시작하였고 기원 후 100년경 피라미드와 같은 큰 유적들이 구축되기 시작되었다. 그런데 700년경 도시가 파괴되었고 그 기능을 상실했다고 한다. 그러나 아직도 그 이유는 정확히 알려지지 않고 있다고 한다. 기원전 4세기경 5천여 명이 거주했으며, 번성기 때는 인구가 10~20만 명 수준으로 당시 중남미 지역에서 제일 큰 도시였다고 한다. 떼오티와깐은 이런 많은 인구를 수용하기 위해 아파트 형식의 주거지로 몇 개 층을 이룬 주택을 지었다. 700년경 도시가 기능을 상실한 후 1,300년경 아즈텍인들이 이 도시를 발견하기 전까지 떼오티와깐(Teotihuacán)은 폐허로 남아있었다. 멕시코 북쪽지역에서 내려온 아즈텍인들이 이 도시를 발견하여 다시 번성시켰고 스페인에 점령당하기까지 약 200여 년 동안 번창했다. 그러나 테노치티틀란(멕시코시티)이라는 거대한 도시를 세웠던 아즈텍인들도 스페인 침략자들에게 속수무책으로 당하면서 이곳도 다시 파괴되고 말았다.

도시에는 커다란 피라미드가 존재한다. 죽은 자의 거리 북쪽 끝에 달의 피라미드가 있으며 달의 피라미드 앞에 광장이 위치하고 있다. 이 주변에 소규모 피라미드가 수없이 많으며 그 옆에 왕궁터가 있다. 도로의 중간 부분 오른쪽 위치에 이 도시에서 제일 큰 구축물인 우리가 세계사 시간에 배웠던 그 유명한 태양의 피라미드가 위치하고 있다. 태양의 피라미드가 제일 크지만 중심은 달의 피라미드이다. 태양의 피라미드는 면의 길이가 각각 225m, 220m, 높이는 65m에 이른다. 세계에서 3번째로 큰 규모의 피라미드라고 한다. 달의 피라미드는 각각의 면이 130m, 156m이고 높이는 43m이다. 태양의 피라미드보다 작지만 이곳이 중심이다. 달의 피라미드는 사람을 제물로 바치는 인신공양 제사를 지낸 곳이며, 사람을 제물로 바치는 것이 금지된 이후에는 동물을 제물로 바쳤다. 19세기 후반 유적지 발굴을 통해 이 피라미드에 대한 조사가 이루어졌으며, 1962년 멕시코 정부에 의해 복원사업이 진행되었다. 이곳은 1987년에 유네스코 세계문화유산으로 지정되었다. 멕시코시티 동북쪽으로 약40㎞ 거리에 위치한 이곳의 해발고도는 약 2,300m로 2,240m의 멕시코시티와 비슷하다 한다. - (위키 백과 일부 참조)

성지순례를 마치고 아이들과 함께 떼오티와깐을 방문하였다. 멕시코시티를 방문하는 사람이면 누구나 한 번쯤은 다녀가는 신비의 고대도시, 아이들은 신이 났다. 넘치는 기운에 찰코 소녀의 집에서 준비해준 맛있는 점심을 먹고 떼오티와깐 입장을 서둘렀다. 학생신분증을 제시하자 입장료가 무료다.

아이들에게 오후 3시까지 모이라는 안내를 하고 각자 흩어져 탐방을 하도록 했다. 에너지가 넘치는 아이들은 태양신전 65m를 단숨에 오른다. 학교에서 배웠던 역사의 한 페이지에 자신들이 들어와 있음을 실감하고 있었을까. 여기저기를 돌아다니며 가이드를 잘 만나 아이들은 역사를 되새기고 있다. 가이드의 안내에 의하면 신전에 바쳐질 제물을 각 마을에서 접수를 받았다고 한다. 마을에서 가장 아름답고 순결한 젊은 여자들이 줄을 서서 제물로 바쳐지길 바랐다고 하니 그것이 정말이었을까. 의심 많은 나에게 믿어지지 않는 대목이다. 추장은 선발된 여자를 안고 65m 높이의 제단 꼭대기에 올라 제단에 살아있는 여인을 눕히고 가슴을 열고 심장을 꺼내 태양에게 제사를 지낸 다음 그 시신은 밑으로 던져 버렸다고 한다. 피라미드 중간 중간에는 튀어나온 많은 돌들이 있는데 그 돌들은 사람을 던졌을 때 순식간에 떨어지지 않도록 그렇게 만들어 놓았다고 한다. 태양 신전으로 오르는 길은 4단계로 올린 피라미드의 정면에 252개의 계단이 정상까지 이어져 있다. 이 계단을 오르면서 제물을 바치는 사람이나 제물로 바쳐질 사람은 어떤 생각을 하였을까. 신을 향한 마음이 자신이 바치는 생명을 통해 영원으로 이어질 것을 믿었을까. 과연 나는 신을 위해 그렇게 내 자신의 생명을 단 한순간에 바칠 수 있을까. 멕시코에 살면서 떼오티와깐(Teotihuacán)의 방문을 여러 차례 해보았다. 외국에서 손님이 오거나 한국 수녀님들 방문시, 아이들과 소풍 갈 때마다 같은 생각이 든다.

'도대체 이들은 무엇을 위해 그토록 열정적인 삶을 살았던가.'

'아니 그 고대시대에 이들은 어떻게 이토록 위대한 도시를 건설하였는가?' 많은 의문이 꼬리를 무는 떼오티와깐, 그곳에서 얻을 수 있는 것은 인간의 위대함과 신을 향한 열정이 상상을 초월한다는 느낌이다. 나는 얼마만큼 하느님께 열정을 바치고 있는가 되돌아보는 계기다. 그래서 인간이 위대한 것인가. 아이들은 자신의 조상들에 대한 자부심을 갖고 또 한편으론 그토록 많은 인신공양이 바쳐진 잔인한 역사 앞에서 무엇인가 의미 있는 것을 나름 생각하겠지.

태양이 작열하던 6월 졸업을 앞둔, 세상에 나가 사회인으로 삶을 살아야 할 아이들과 함께했던 떼오티와깐 여행, 그동안 많은 기회를 통해 그곳을 방문했지만 아이들과 함께했던 특별한 경험은 잊을 수가 없다. 살아가면서 아이들이 다시 그곳을 찾을 때 소년의 집 특별했던 졸업여행을 기억할 것이다. 그들의 조상들을 기억할 것이다. 그들이 삶에서 이번 졸업여행은 또 하나 성장의 한 계단이 되어 주겠지. 아이들이 말하는 오늘의 하이라이트, 찰코 소녀의 집을 방문하여 소녀들과 함께할 시간에 대한 기대와 셀렘으로 피라미드와 빠른 작별인사를 하며 떠났다.

- 소년들 소녀들을 만나다

멕시코주 찰코에 삼천여 명의 소녀들이 살고 있는 비쟈데 라스 니냐스 소녀의 집(Villa de las Niñas), 그곳에는 우리 소년의 집 아이들의 이웃도 있고 사촌도 있고 누나, 동생들이 있는 곳이다. 찰코 소녀의 집과 과달라하라 소년의 집의 거리는 약 800㎞가 넘는다. 이곳은 멕시코시티와 거리가 차로 한 시간 반경에 있으며 마리아수녀회가 처음 멕시코에 진출하여 소년의 집을 세울 때에는 찰코 시에 소년의 집과 소녀의 집을 함께 운영했다. 한두 해가 지나면서 학교를 분리시킬 필요성을 절감하여 소년의 집을 멕시코의 제2도시인 과달라하라로 옮기게 되면서 찰코 소녀의 집에는 여학생만 남게 되었다.

대지 십만 평에 최대 사천 명의 학생들을 수용할 수 있는 대규모 시설이다. 2006년 내가 그곳에서 소임을 하고 있을 당시에는 4천 명의 여학생들이 공부를 하고 있었다. 현재는 약 삼천 명의 소녀들이 살고 있다. 소년들은 졸업여행 계획안에 찰코 소녀의 집 방문이 있음을 알고 너무나 행복해했다. 찰코 원장수녀님께 미리 협조를 받아 과달루페 성지와 피라미드를 방문하고 소녀의 집에 들르는 일정을 잡았다. 소년들은 한 달 전부터 찰코 소녀들 앞에서 펼칠 여러 가지 공연을 연습했다. 노래, 춤, 합주, 검은 극장(Teatro Negro), 특활부 소년들은 찰코 수녀님들에게 드릴 액자를 조각하고 글씨도 조각하면서 정성껏 선물 준비를 했다.

떼오티와깐에서 한 시간 반 정도 거리에 있는 찰코로 가는 소년들의 마음이 얼마나 흥분되어 있는지 얼굴에 드러나 있다. 소년의 집으로 분리되면서 한 번도 가보지 못한 소녀들이 있는 학교에 방문한다는 사실이 그들을 충분히 달뜨게 했다. 소녀들이 저녁식사 준비를 하는 오후 5시쯤에 학교에 도착했다. 넓은 잔디 운동장과 수영장은 소년들의 몫이다. 새벽에 도착해 목욕도 하지 못한 소년들은 수영장에 뛰어들어 수영도 하고 가벼운 목욕을 하고 멋을 내고 소녀들을 만날 준비를 한다. 찰코 분원장 이 세실리아 수녀님의 배려로 고등학교 5학년 소녀들과의 만남이 이루어졌다. 한 시간 정도 소년, 소녀들이 함께 운동을 하면서 우정의 장을 만든다. 넓은 체육관에서 농구도 하고, 배구, 축구도 하면서 친목을 다지는 시간. 아이들은 서로서로에게 궁금한 것을 묻고 졸업 후의 계획에 대해 이야기를 나누면서 금세 친해진다. 멕시칸 특유의 친화력이 발휘되는 시간이다.

소녀들이 준비한 저녁식사에 소년들을 초대해서 잔디 운동장에서 함께 저녁을 먹었다. 여기저기 웃음소리가 터지고 좋아서 어쩔 줄 몰라 하는 모습들, 젊음이 좋다. 어떤 아이들은 동네에서 사귀었던 노비아를 만나고 어떤 아이들은 형제간의 만남을 갖는다. 한 시간 정도 식사를 하면서 소년, 소녀들은 많은 이야기를 나눈다.

물론 수녀님들 흉도 보았겠지. 수줍음이 많은 아이들은 혼자 떨어져 밥을 먹고 있었고 과감한 아이들은 둘이서 멀리 떨어진 곳에서 이야기를 하면서 밥을 먹는다. 눈치 백단인 담당 수녀님들은 혹여 무슨 일이라도 생길까봐 그런 아이들만 쫓아다니며 방해(?)를 하고….

저녁 8시, 3천여 명의 소년, 소녀가 체육관에 모였다. 초대해준 사랑에 감사하는 마음으로 소년들은 자신들이 준비해온 공연을 했다. 합주부 학생들의 연주, 합창, 무용부 학생들은 신나는 케이팝 춤도 추었다. 소녀들은 마치 아이돌 가수들을 보는 듯 소리를 지르고 난리를 친다. 어둠 속에서 조명으로 움직이는 검은 극단(Teartro negro) 아이들의 모습에 소녀들의 열렬한 환호는 극에 달한다. 소년들의 감사 예술제를 마치자 소녀의 집 합주부 100여 명의 소녀들이 무대에 올라 아름다운 노래로 답례를 한다. 멀리서 온 소년들을 위해 무용부 소녀들 또한 아름다운 춤사위로 자신들의 솜씨를 뽐내는 훈훈하고 아름다운 시간이었다. 모두가 밝게 웃었다. 자신들이 좋아하는 것을 할 때 행복하다. 찰코 수녀님들도 오랜만에 보는 조카 녀석들의 공연에 마음이 뿌듯하다. 소년들과 소녀들의 짧은 만남이 막을 내려야 하는 시간이다. 밤 버스로 다시 내려와야 다음날부터 수업을 할 수 있기 때문이다.

밤 10시 출발하는 버스를 향해 아쉬움이 잔뜩 남은 여고생들이 두 줄로 늘어서서 인사를 한다. 어쩌면 처음이고 마지막이 될 만남이지만 그들의 가슴에는 그날의 찬란했던 추억들, 기억들이 삶의 언저리에 빛나고 있을 것이다. 밤새도록 달리는 버스 속에서 여전히 잠도 자지 못하고 즐거워하는 아이들을 본다. 남에게 베푸는 것의 즐거움을 그들도 알았을까. 그동안 자신들의 시간을 쪼개서 준비해온 많은 것들이 남에게 기쁨으로 피어남을 배웠을 거다. 또 하나의 아름다운 추억 하나를 쌓으며 우리는 잠에 빠져 다음날 새벽 과달라하라에 도착을 했다.

짧은 여정이었지만 많은 것을 보고 경험할 수 있는 찬란한 시간을 허락해주신 하느님께 감사한다.

젊음을 따라 다니느라 육신은 피곤하지만 젊음과 함께했기에 마음은 뿌듯하고 행복했던 여행이었다.

천국소년 에드가엘

일 년 중에 가장 힘든 날을 꼽는다면 몇 번의 날들이 있겠지만 개인적으로 나에게 가장 힘들게 느껴지는 날은 성주간 목, 금, 토요일이다.

가톨릭에서 지내는 성주간은 예수님의 부활 전 일주일간을 이르는 말이다. 성주간은 특히 목요일부터 시작되는 성삼일이 하이라이트다. 성목요일 최후의 만찬미사를 드린 다음 무덤 제대 앞에서 조배를 한다. 성목요일 오후 7시쯤 예수님 최후 만찬미사를 거행하고 무덤 제대를 꾸며 밤새도록 기도를 한다. 이천 명의 소년들이 30분씩 돌아가면서 기도를 하려면 계획을 잘 세워야 한다. 성목요일 최후의 만찬미사 후부터 밤 12시까지, 그리고 다음날 새벽 5시부터 성금요일 오후 3시 예수님께서 십자가에서 숨을 거두시는 예식이 있을 때까지 소년의 집 모든 아이들은 담당 수녀님과 함께 30분씩 돌아가면서 무덤 제대를 조배한다. 아이들의 개인 신심에 따라 밤샘을 하는 아이도 있고 성금요일에도 하루 종일 성당에서 개인으로 기도하는 아이도 있다.

가톨릭 국가에서 태어나 어릴 때부터 교회 전례를 참석해 본 많은 소년들, 이들이 바치는 기도는 십대 청소년이라고 믿기지 않을 만큼 정성과 사랑이 가득하다. 그들과 함께 기도하는 것은 감동이다.

그해 성목요일 최후의 만찬미사를 하고 7층 성당에 꾸며진 무덤제대 앞 아이들 틈에서 기도를 하고 있었다. 목표는 밤샘을 하는 것이다. 일 년에 단 하루 예수님의 수난에 동참하기 위해 이날만은 크게 마음을 먹고 밤샘 기도하는 것을 개인 신심으로 정해 놓았다.

밤 10시쯤 의무실 수녀님으로부터 연락이 왔다. 중학교 3학년 에드가엘이 아프다는 것이다. 2빌딩 건물에 있는 의무실에 가서 아이 상태를 확인하였다. 아이는 창백하지만 웃는 얼굴로 나를 맞았고 어디가 아픈지 묻자 어지럽고 속이 좀 좋지 않다고 했다. 꽤 늦은 시간이고 지금 병원에 가면 밤새도록 고생할 것을 알기에 아이의 동의하에 내일 일찍 병원에 가기로 하고 의무실 수녀님의 도움으로 하룻밤 병실에서 자기로 하였다. 성당에 올라와서 아이를 위한 기도를 바쳤다. 그리고 새벽 일찍 인터폰을 해서 아이 상태를 확인했다. 잠을 잘 잤다고 하여 조금 안심된 마음으로 기도에 집중할 수 있었다. 그리고 일찍 아이를 병원에 보내고 성당에서 기도를 드리고 있는데 연락이 왔다. 병원에서 급하게 나를 찾는다는 것이다. 아이가 백혈병 같다며 병원에 빨리 오라는 것이다. 심장이 요동치기 시작한다. 담당 수녀님을 불러 부모님 연락처를 찾아 전화를 해달라는 부탁을 하면서 집을 나섰다. 집에서 30분 정도 떨어진 병원에 도착하니 에드가엘이 침대에 누워 주사를 맞고 있다. 기분이 어떠냐고 물으니 "안 좋아요."라고 하면서 힘들어 한다. 담당 의사는 몇 가지의 검사를 했는데 백혈병인 것 같다고 하면서 빨리 시내 병원으로 옮기라고 한다. 시내의 큰 병원으로 옮기기 위해 서류를 작성하고 사인을 하는 중에 학모님과 연락이 됐다. 천만다행히 부모님이 우리 학교에서 그리 멀지 않은, 차로 약 한 시간 반 정도 걸리는 차빨라 호수 마을에 살고 있었다.

부모님들에게 과달라하라 병원에서 만나기로 하고 서둘러 아이를 119구급차에 태워 길을 떠났다. 의사 선생님이 동행을 하고 에드가엘의 손을 잡고 동행하는 나의 심장은 미친 듯이 요동을 친다. 아이는 점점 잠 속으로 빠져들더니 급기야 경기를 한다. 한 시간 정도 걸려 도착한 병원, 입구에서 부모님께서 먼저 도착해 어쩔 줄 모르며 우리의 도착을 기다리고 있다. 응급실로 실려 가 의사의 진찰이 시작되고, 의사는 우리를 불러 아이가 급성백혈병이라고 하면서 죽을지도 모른다고 한다. 하늘이 노랗다. 어떻게 이런 일이, 너무나 갑작스러운 상황에 머리가 하얗게 된다. 엄마는 꺽꺽 울음을 삼킨다.

응급차로 옮기는 동안 아이는 '코마' 상태에 빠져 부모님도 알아보지 못했다. 심장이 무너진다. 집으로 연락을 해서 전교생에게 에드가엘을 위해 긴급 특별 기도를 부탁했다.

수녀님들 말에 의하면 그날처럼 아이들이 열심히 기도하는 것을 본 적이 없다고 한다. 하루 종일 7층 큰 성당이 아이들로 꽉 채워져 에드가엘을 위해 기도를 하였다. 오후 늦은 시간이 되어서야 집에 돌아오니 내가 하루 종일 아무것도 먹지 못한 것이 생각났다. 다음날 신부님을 모시고 아이에게 병자성사를 주었다. 도대체 생명이 무엇일까. 그 말짱하던 아이가 한 순간에 코마 상태로 누워 있는 모습이 충격이다. 삶과 죽음이 순간이다.

오후에 망부활 미사를 드리려고 준비하고 있을 때 아이 아버지로부터 연락이 왔다. 에드가엘이 하늘로 떠났다고 한다. 아이들에게 에드가엘이 하늘로 떠난 것을 알리고 기도를 부탁했다. 망부활 미사를 드리는 한 시간 반 동안 울음이 그치지 않는다. 그 많은 눈물은 도대체 어디 숨어 있다가 이렇게 한꺼번에 쏟아지는 것일까. 고등학생들이 연민의 눈으로 나를 훔쳐본다. 부활절 아침 병원에 가서 부모님을 만났을 때 미안한 마음에 고개를 들 수가 없다. 죄인이 된 기분이다. 천만다행히 부모님은 에드가엘의 죽음을 아들의 운명으로 잘 받아들였다. 그리고 숨진 아이를 집에 데리고 가서 월요일에 장례미사를 하겠다고 한다.

월요일 에드가엘이 함께 생활했던 같은 반 친구들 39명과 미사 반주를 위한 합주부 학생들 50명이 함께 장례 미사를 갔다. 에드가엘이 태어나고 살았던 마을은 멕시코에서 가장 큰 호수인 차빨라 호수 동네다. 가난하고 소박한 사람들이 모여 사는 작은 마을, 미사는 장례미사임에도 슬픈 축제 같았다.

국화 한 송이씩 들고 마을 사람들이 성당 안을 가득 채웠다. 미사 후 에드가엘 친구들이 돌아가면서 관을 들고 마을 안에 있는 공동묘지로 향했다. 관 뒤에는 동네 마리아치 그룹이 고유의상을 입고 트럼펫과 색소폰을 불고 북을 치고… 우리 합주부 아이들과 교대로 노래를 부르면서 묘지까지 걸어간다. 아이를 묘지에 묻기까지 마리아치와 합주부 아이들이 끝없이 노래를 부르고 악기를 연주하는 모습은 죽음은 슬픔이 아니라, 새로운 생명의 시작임을 보여주는 하나의 성스러운 축제 같다. 죽음을 새로운 삶의 시작으로 받아들이는 이들의 모습이 감동적이다. 그래, 조금 일찍 떠났을 뿐이다. 아이는 하늘나라에 무사히 도착했을 테고, 우리가 해줄 수 있는 모든 것보다 훨씬 더 많은 것을 누리며 하늘나라의 천사가 될 것이다. 이젠 먼저 하늘나라로 떠난 에드가엘이 우리 아이들의 좋은 수호천사가 되어 줄 것이다. 아이가 떠난 뒤 유품을 정리하면서 그 아이의 노트에서, 아이는 이미 자신의 죽음을 예견하고 있었다는 것을 알게 되었다. 하늘로 향하는 많은 그림과 글들, 그렇게 빨리 떠날 줄을 알고 아이는 준비를 하고 있었던 것인가. 다만 부모님들에게 마지막 인사를 하지 못하고 떠난 것이 마음에 걸린다.

착한 부모님들, 아들 하나를 천국에 보내 천국에서 기도해 줄 한 편을 만들었다고 말은 하지만 그들의 가슴에 에드가엘이 묻혀 있음을 나는 안다. 평생 그 아픔이 불쑥불쑥 찾아와 그리움과 싸울 것이라는 것도 짐작하고 남는다.

YO NO COMPREN ESTA VIDA
NI LAS LEYES DEL SEOñR
TE LLEVASTE A UN GRAN niño
QUE A MUCHA GENTE AYUDO
SU MADRESITA QUERIDA
NO SE CANSA DE LLORAR
AL VER A EDGAR SU HIJO
QUE LO LLEVAN AL PANTEON
DIOS MIO TU LO HAS LLAMADO
ADMITELO EN TU GLORIA
TU GENTE TE ESTA LLORANDO
PORQUE SABEN QUE EL ERA UN GRAN NIñO
AMIGOS, MADRES Y NIñOS
ESPECIALMENTE SUS PADRES
NUNCA TE VAN A OLVIDAR
EDGAR ERES UN GRAN NIñO
QUE DIOS TE TENGA EN SU GLORIA.

나는 인생을 이해하지 못합니다
당신의 법도 이해하지 못합니다
당신은 많은 아이들을 잘 도와주었던
참으로 훌륭했던 한 아이를 데리고 갔습니다
그 아이를 사랑했던 우리는 울음을 그치지 못합니다.
이제 우리는 그 아이를 판떼온(묘지)으로 데리고 가야 합니다
나의 하느님
당신이 아이를 불렀으니
당신의 영광에 아이를 받아 주십시오

우리는 친구를 잃은 슬픔에 울고 있습니다
우리는 그 아이가 참으로 좋은 친구였다는 것을 알고 있기 때문입니다

에드가엘!
친구들과 수녀님들, 그리고 모든 소년의 집 아이들
특별히 너의 부모님은 너를 결코 잊지 못할 것이다
우리의 좋은 벗이었던 에드가엘,
하느님께서 당신의 영광에 너를 받아 주시기를 기도한다

(친구들이 에드가엘을 기리며 쓴 글)

한 소년 이야기

우리를 가지고 놀았던 한 소년에 대한 이야기를 시작하려고 한다. 수녀님들은 월요일에서 금요일까지는 아이들이 점심을 먹고 학교에 가면 오후 1시에 단체 식사를 한다. 혼자서 한 층 전체 약 200여 명의 아이들을 돌보는 수녀님들에게 제대로 된 식사도 제공하고 형제들끼리 모여 함께 웃고 정담을 나누고 아이들 이야기를 하면서 점심을 먹는다.

그날 식사 중에 중학교 3학년 담당을 하고 있는 멕시칸 로사리오 수녀님이 아이들이 산에서 마리화나를 키우고 있다고 한다. 토요일에 실습장에 들어가지 않고 돌아다니는 아이를 불러서 공부하지 않고 놀고 있느냐고 물으니 산에 심은 마리화나에 물 주러 간다는 것이다. 너무 놀란 수녀님은 아이에게 어디서 마리화나를 키우냐고 물었지만 실실 웃기만 할 뿐 대답을 하지 않았다. 멕시코가 아무리 마약 천국이고 마약이 아이들에게 쉽게 노출되어 있는 상황이지만 우리 집에서마저 이런 일이 있다는 것은 결코 있을 수 없는 일이었다.

이 사건을 종식시킬 총대를 내가 메게 되었다. 다음날 아침 일찍 아이를 앞장세우고 로사리오 자매와 셋이서 검은 봉지 큰 것 두 개, 호미 세 자루를 가지고 산으로 갔다. 아이는 웃으면서 아주 친절하게 우리를 산 정상 쪽으로 안내를 하였다. 화를 내면 아이가 협조를 하지 않을 것 같아 최대한의 친절을 가장하여 아이의 마음을 우리 쪽으로 이끌었다. 마리화나 씨앗은 어디서 났는지, 누가 가지고 왔는지, 어디다 심었는지. 아이는 씨앗은 집에서 가지고 왔고 씨를 산 위쪽에 뿌렸다고 했다. 30분 정도 산 정상에 올라 아이는 여기저기를 기웃거리더니 식물들이 많이 자라고 있는 곳을 가르치며 이곳이라고 하였다. 산 정상에는 처음 보는 많은 잡초 같은 풀들이 여기저기 자라고 있었다. 아이는 이파리를 따서 손으로 비비고 냄새를 맡고 하면서 이것이 틀림없다고 하였다. 마리화나를 한 번도 본 적이 없는 로사리오 자매와 나는 정말 이것이 마리화나인지 아닌지 분간을 할 수 없었지만, 아이가 하도 진지하게 말을 해서 아이 말을 믿고 열심히 식물들을 뿌리째 뽑아 가지고 간 검은 봉지에 담기 시작하였다. 어떤 식물은 너무 커서 둘이 함께 힘을 모아 뽑다가 엉덩방아를 찧기도 하고, 서둘러 뿌리도 남기지 말고 다 뽑자고 하면서 두 봉지 가득 식물을 뽑아 담았다.

우리가 그 식물과 사투를 벌이는 동안 아이는 바위 꼭대기에 올라가서 노래를 부르고 가수 흉내를 내면서 춤을 추고 우리 앞에서 쇼를 한다. 아이는 이미 이 사건으로 소년의 집에 살지 못할 것을 알았는지 "마음 편안히 이 시간을 즐기자."라는 듯이 우리가 하는 일에 협조를 하지 않고 우리를 바라보면서 웃고 노래하고 장난을 한다. 마음 같아서는 한 대 쥐어박아 주고 싶었지만 우리를 친절하게 안내해준 것, 순순히 마리화나 있는 곳을 알려준 것이 고마워 감정을 억누르며 다른 반응을 보이지 않았다. 그곳과 주위에 있는 같은 식물들을 뽑아서 산에서 내려왔다.

우리가 가지고온 식물이 마리화나인지 확인하는 작업을 해야 했다. 아이들에게 섣불리 이야기 했다가 잘못된 사고를 심어줄 것 같아 조심스럽게 방법을 찾기로 한다. 그때 내가 맡고 있는 아이들이 고등학생 졸업반이었는데 그중에서 아주 믿을 만한 아이에게 식물 잎을 하나 따서 보여주면서 이것이 무엇인지 아느냐고 물었다. 아이는 한참을 보고 비비고 냄새를 맡아 보고 하더니 "잘 모르겠어요."라고 한다.

이번에는 마약재배로 유명한 산골마을에서 온 오스칼을 불렀다. 오스칼에게 마리화나를 본 적이 있느냐고 물었더니 집에서 가족들이 마리화나를 키운다고 한다. 방학 동안에는 부모님을 도와 마리화나를 수확하기도 해서 잘 안다고 하였다. 오스칼을 몰래 창고로 데리고 가서 검은 봉지 가득 담겨있는 식물을 보여 주고 이것이 마리화나가 맞는지 묻자 한번 쓱 보더니 "아닌데요. 이것은 그냥 산에서 자라나는 풀이에요."라고 한다. 아, 그 황당함이란…. 그

녀석이 우리를 가지고 놀았구나. 그래서 그렇게 즐거웠던 거야. 우리가 넘어지고 엉덩방아 찧으면서 그 식물을 캘 때 아이는 얼마나 즐거워했는지. 그 얼굴이 오버랩 되면서 아이한테 당한 것에 그저 헛웃음이 나온다.

아침 한나절 두 수녀를 가지고 놀았던 아이는 결국 집으로 가게 되었다. 아이는 어릴 때부터 집에서 마약을 피웠고 행동이나 감정이 조절되지 않아 학습을 계속할 수 없었다. 가장 큰 위험에 방치되고 노출된 멕시코 소년들의 슬픈 이야기는 여기서 끝이 아니다. 평생을 마약 중독자로 살아가야 하는 그들의 슬픈 현실을 그저 바라볼 수밖에 없는 우리. 우리와 있는 동안 나쁜 악습에서 벗어나 새로운 삶으로 초대하여 밝은 미래를 열어주고 싶은 열망. 우리의 지나친 예민성 그리고 단순성으로 웃고, 해프닝으로 끝나버린 사건은 시간이 지나도 잊히지 않는다.

천만다행으로 우리 아이들은 문제없는 것으로 드러났지만 멕시코의 수많은 곳에서 마약재배에 동원되고 있는 어린 소년들을 생각하면 늘 마음이 짠하다. 수녀님들은 두고두고 우리의 해프닝을 밥상머리 화젯거리로 올렸다.

연애편지

소년의 집의 하루는 이천 개의 사건이 벌어지고 있다고 보아도 과언이 아닐 것이다. 수많은 문제와 사건들을 모두 다 다룰 수도 없고 건드릴 수도 없다.

어느 날은 정말 그러려니 하고 지나치지 않으면 온 밤을 새워도 그 문제들 하나하나와 대면하기가 어렵다. 청소년들이 보여주는 문제행동, 그것은 그저 단순한 문제행동이다. 문제 아이는 없다. 다만 그들이 보여주는 여러 가지 문제행동이 있을 뿐이다. 청소년을 문제아로 볼 때 진짜 문제는 발생한다. 청소년들의 뇌 성장으로 인한 사춘기의 놀라운 변화는 본인 스스로에게도 엄청난 충격으로 다가온다. 본인들이 무엇 때문에 그렇게 혼란스러운지를 안다면 살아가는데 조금은 도움이 되지 않을까. 고등학생을 대상으로 일주일에 한 번씩 청소년의 뇌에 대한 교육을 한다.

손자병법의 세 번째 장인 모공편(謀攻篇)에 '지피지기(知彼知己)면

백전불태(百戰不殆)' '적을 알고 나를 알면 백 번 싸워도 위태롭지 않다'라는 말처럼 자신에 대한 알아차림을 통해 우리의 싸움 방식은 좀 더 너그럽게 진행될 수도 있을 것이다. 청소년기 뇌의 특징 중 가장 크게 눈에 띄는 것은 감정의 뇌가 활성화된다는 것이다. 뇌의 구조에서 2층에 해당하는 변연계의 활동, 변연계가 담당하고 있는 감정 영역이 사춘기가 되면서 활성화된다는 것이다. 그러다 보니 청소년 스스로도 자신의 감정에 대한 통제 능력을 잃어버리고 자주 파충류 같은 반응을 보이면서 생존을 위한 싸움을 하거나 도망갈 생각을 한다. 이성적인 뇌 전두엽의 리모델링이 시작되는 사춘기가 되면 이성적인 생각이나 판단을 하지 못하고 감정적으로 반응하고 행동하게 된다. 그러다 보니 사춘기 청소년들과의 삶은 하루하루가 긴장의 연속이다.

1학년 담당 수녀님이 어느 날 작은 노트 한 권을 가지고 왔다. 내용을 보니 기막힌 연애편지다. 한두 장도 아니고 작은 노트 한 권이 온통 분홍빛 사연으로 가득 찼다. 사연인즉 수녀님이 맡고 있는 1학년 펠리페라는 소년이 자신을 돌봐주는 생활실의 큰형에게 쓴 연애편지다. 좋아서 어쩔 줄을 모르면서 표현도 하지 못하고 숨어서 보고 느끼는 감정들을 적어 놓았다. 말도 안 되는 편지 내용에 웃었지만 담당 수녀님은 매우 심각하다. 아이는 매우 얌전하고 교실에서 전혀 문제가 없는 아이라고 한다. 오히려 매우 차분하고 성실하다고 한다. 그런 아이가 이런 편지를 쓴 것이 수녀님은 충격이었다. 아이를 불러 이야기를 먼저 들어보기로 한다.

저녁 식사 후에 사무실에 온 펠리페에게 사랑에 빠졌냐고 묻자 얼굴이 벌게지면서 수줍어 어쩔 줄을 모른다. 멕시코 아이들은 표현이 매우 자유롭다. 이런 감정적인 면에서 매우 솔직하게 이야기한다. 아이는 1학년 반을 도와주고 있는 고등학교 5학년 형에게 이성적인 감정을 느끼고 있다고 한다. 세상에나, 이런 말을 망설임도 없이 하다니. 펠리페와 만남을 이어갔다. 아이가 지금 보이고 있는 것은 하나의 현상이다. 이 현상을 보이기까지 아이가 가지고 온 여러 가지 원인이 있을 것이다.

펠리페는 베라크르주에서 왔고 중학교 2학년 중퇴를 했다. 집에는 엄마와 두 동생이 살고 있으며 아버지는 본 기억이 없다. 아주 어릴 때부터 엄마는 돈을 벌기 위해 일하러 나갔고 초등학교 1학년 때부터 동네 형으로부터 지속적인 성폭행을 당했다. 생물학적으로 여성스럽게 태어난 것이 첫 번째 원인 제공이 되었겠지만 펠리페는 여러 번 폭행을 당하면서 자신에 대한 정체성을 잃어버린 것으로 드러났다.

엄마께 말도 못하고 시간이 흘러 중학교에 들어가면서 더 큰 문제가 발생했다. 같은 학교에 다니는 동성 아이들에게서 이성을 느낀 것이다. 그런 문제가 엄마의 눈에 띄게 되었고 걱정이 된 엄마는 아이를 학교에 보내지 않고 안전하다고 생각한 기숙학교에 보낸 것이다. 중학교 2년 과정을 통해 여러 번 이성 친구에게 감정을 느낀 펠리페는 소년의 집에 들어와서 그 감정이 다시 살아난 것이다. 펠리페에게는 이상형이 있다. 눈이 크고 잘생기고 머리

모양이 좀 세련된 아이를 보면 그런 느낌이 든다고 했다. 감정이 문제다. 이 감정을 제대로 컨트롤하지 못하면 이곳에서도 분명 문제가 생길 것이다. 5월에 부모님께서 면회를 오시니 그때까지 아이를 관찰 지도하고 부모님을 만나 이야기를 하기로 했다. 펠리페는 집으로 돌아가는 것에 동의를 하지 않았다. 그냥 본인의 감정에 의한 것이고 자신이 나쁜 짓을 한 적도 없는데 학교를 그만 두는 것은 부당하다고 했다. 아이의 말도 맞지만 우리는 늘 일어나지 않는 미래를 걱정한다.

부모님을 만나 이야기를 들어보니, 집안이 매우 어렵고 어린 동생들 뒷바라지에 엄마는 늘 힘겨운 삶을 살고 계셨다. 엄마 앞에서 다시는 그런 일이 없을 것이라고 약속을 하고 공부를 계속하기로 했다. 펠리페에게 자신의 감정을 컨트롤하는 방법도 가르쳐 주고 권투장에서 운동도 시킨다. 그리고 감정이 일어나 견딜 수 없으면 솔직하게 나를 찾아오든지 담당 수녀님께 이야기를 하라고 했다. 가끔씩 집을 돌다가 권투장에서 운동을 하고 있는 펠리페를 만난다. 손이 엉망진창이 되어있다. 얼마나 세게 모래주머니를 쳐댔는지 주먹에 온통 상처투성이다. 그 일이 있은 후에도 두세 번 정도 펠리페는 동료나 형들에게 이성의 감정을 느껴 나를 찾아와서 도움을 청하곤 했다. 본인이 느끼는 감정에 솔직하고 그것을 열어 밝히기 위해 먼 곳에서도 나를 보면 쫓아온다. 그래서 "어떤 기분이나 느낌이 들어?" 하고 물어보면 늘 하는 말이 "배가 간질간질해요."라고 한다. 펠리페의 배가 간질거리면 이 아이가 또 사랑에 빠진 것이다.

펠리페는 3년 동안 무사히 중학교 공부를 마쳤다. 천만다행히 아무 일 없이 중학교를 졸업하고 나라에서 운영하는 농업고등학교에 진학을 하였다. 펠리페가 잘 자랐으면 좋겠다. 자신에 대한 정체성을 확립하여 남자로서 당당하게 살고 있다는 소식을 듣고 싶다. 어디서 살든지 감정에는 솔직하지만 자신의 행동에 대해 올바른 선택을 할 줄 아는 아이가 되었으면 좋겠다.

엄마가 미운 아이

엘리야는 일을 매우 잘하는 소년이다. 집안에서 본인이 해야 하는 일뿐 아니라 공동으로 하는 일에도 언제나 앞장을 선다. 가끔씩 실없는 농담을 하고 주위 사람들을 웃기기도 하면서 분위기 메이커 역할을 잘한다.

문제는 자신 안에 한번 빠지면 거기에서 빠져나오는 시간이 오래 걸려 너무 힘들다는 것이다. 담당 수녀님의 이야기를 들어보니 우울증 증상이 보인다. 그렇게 명랑하고 일을 잘하는 아이가 주기적으로 우울증에 빠지는데 그럴 때마다 수녀님은 마음이 불안하고 조마조마하다. 밥도 잘 먹지 않고, 어느 때는 잠도 안자고, 당직을 하다 보면 창밖을 한없이 보고 있다고 한다. 저녁 시간에 아이를 만났다. 엘리야는 고등학교 졸업반이며 남쪽지방 캄페체주에서 온 소년이다. 어린 시절의 성장 과정을 들으면서 이 아이가 얼마나 심하게 상처를 받고 살아왔는지 이해가 된다.

엘리야는 할머니를 엄마라고 부르면서 성장을 했다. 엘리아의 엄마도 분명 같은 마을에 살고 있지만 외할머니를 엄마라고 부르며 외할머니에 대한 애정과 사랑을 드러냈다. 엘리야는 7형제 중 큰아들이었다. 동생들이 대부분 할머니와 살고 있고 어린 동생 두 명만 엄마와 살고 있다. 아버지에 대해 묻자 잠시 고개를 숙이고 말문을 열지 못한다. 엘리야의 아버지는 엘리야가 태어나서 얼마 되지 않아 교통사고로 죽었다. 태어나서 한 번도 아버지의 얼굴을 본 적이 없다. 아버지는 엄마와 같은 동네에 살던 사람이었고 책임감도 있고 좋은 사람이었다고 한다. 아버지가 교통사고로 죽자 엄마의 삶에 변화가 오기 시작하였다. 불행하게도 엘리야의 7형제는 아버지가 다 서로 다르다. 어릴 때부터 엘리야는 엄마의 모습이 너무 창피하고 부끄럽고 엄마에 대한 미운 감정을 가지게 되었다. 방학을 해서 집에 가는 것도 부끄럽고 어디 가서 엄마의 아들이라고 소리를 듣는 것도 부끄러웠다. 초등학교 시절 엄마는 마을에 축제가 있으면 날마다 술에 취해서 비틀거리며 이 남자 저 남자에게 가서 안겼다. 동생들 손을 잡고 엄마 손을 잡고 끌면서 집으로 가자고 하면 엄마는 엘리야의 뺨을 때리기도 하고 소리를 지르기도 하였다. 눈물을 흘리며 어린 동생들을 데리고 집으로 오면 먹을 것이 없어서 배고파하는 동생들에게 나무에 올라가 딴 바나나를 주고 배를 채우기도 했다. 엄마가 집에 들어오는 날보다 집에 없는 날이 더 많아지자 동네에 살고 계신 외할머니가 아이들을 돌보기 시작했다.

엘리야의 엄마에게는 부끄러움이라곤 없었다. 자신의 행위에 대한 수치심을 느끼는 건강한 자아가 형성되지 않았던 것이다. 마을에 함께 살고 있는 삼촌들도 엄마를 너무 부끄럽게 여겨 다른 마을로 이사를 갔다. 그리고 계속해서 생기는 동생들을 돌봐주기가 너무 힘들었다. 엘리야는 초등학교를 졸업하고 마치 도망치듯이 소년의 집 학교에 들어왔다. 5년 동안 공부하는 동안 엄마는 한 번도 면회를 온 적이 없다. 늘 할머니와 사촌들이 면회를 왔다. 엘리야의 어린 가슴에 엄마에 대한 미움과 증오의 싹이 자랐다. 이런 엄마에 대한 미움은 사춘기 감정의 변화에 민감한 엘리야를 우울하게 만들었고 그로 인해 감정의 기복이 심하고 감정 조절이 되지 않아 여러 번 죽을 생각까지 했다고 한다.

그러나 신앙을 갖고 교리를 배우며 자살만큼은 안 되는 것을 알기에 지금까지 참고 살아왔지만 다시 집으로 돌아가 엄마를 보고 살 일이 큰 걱정이다. 그나마 요즘은 엄마 건강도 좋지 않아서 동생들만 돌보면서 집에서 살고 있는데, 방학을 해서 고향으로 가도 엄마를 찾아보거나 엄마라고 다정히 불러본 적도 없다고 한다. 그간 엘리야는 다른 사람들에게 자신의 고통을 보여주지 않기 위해 일부러 웃긴 말과 행동을 했고 자신의 감정을 어떻게 할 수 없어 며칠씩 그렇게 깊은 우울증에 빠지기도 한 것이다. 아이와 함께 몇 번의 만남을 통해 엄마가 그렇게 될 수밖에 없었던 어떤 상황들에 대한 이야기를 나누며 이해를 갖기로 했다.

뇌과학이 발달하면서 우리가 이해하지 못한 여러 가지 행동들이 결국에는 뇌의 작용이었음이 드러났다. 어쩌면 엘리야의 엄마는 양심과 도덕성을 관장하는 뇌의 부위가 잘못되었을 수도 있을 것이라는 것, 본인이 원하는 삶과 본성적으로 그렇게 살 수밖에 없었던 기구한 여인의 삶에 대해 이야기를 했다. 본인 스스로에 대한 자존감을 키워 주고 심리적인 면역력을 기르는 방법을 배우면서 엘리야는 조금씩 나아졌다.

그 해 겨울방학을 하고 돌아온 아이의 얼굴이 밝다. 사무실에 찾아와 이번 방학에 엄마와 함께 마을에서 10㎞ 떨어진 바다에 다녀왔다는 것이다. 엄마를 찾아가 화해를 하려고 시도를 했고 엄마는 엘리야를 바다로 초대한 것이다. 처음으로 엄마 앞에 진지하게 큰아들로서 충고를 했다고 한다. 엄마는 미안하다고 사과를 하면서 노력해 보겠다고 약속을 했다. 엘리야가 먼저 손을 내밀자 다가온 엄마, 어른들도 때로는 용기가 없어 누군가의 초대가 필요한 것이라고 가르침을 받은 것을 그대로 실천하고 온 엘리야가 참으로 기특했다.

엘리야 엄마뿐이겠는가. 그전에 아이들 양육하는 소임을 하면서 면담을 통해 많은 아이들이 형제들이 많은데 아버지의 성이 다 다르다는 것을 알게 되면서 큰 충격을 받은 적이 있다. 멕시코는 80%가 해체 가정이다. 이곳의 아이들 중에도 정상적인 부모님 밑에 있는 아이들은 겨우 20% 정도다. 이 아이들은 적어도 버림은 받지 않은 경우다. 가족 중 누군가에 의해 보살핌을 받는 것이 그나마 다행이다.

엘리야! 엄마에 대한 용서는 너 자신을 위해 먼저 해야 할 숙제이며 실천하는 것 또한 너의 몫이란다. 우리 모두가 안고 살고 있는 수많은 상처, 그것들을 끌어안고 보듬어 주며 보살펴 주는 것 또한 각자의 몫이란다.

꿈을 싣고 달리는 아이들

국가의 교육 수준은 그 사회와 미래의 기초가 된다. 고대 멕시코의 교육은 의무였고 무료였다고 한다. 그러나 모든 교육이 모든 주민에게 똑같이 적용되지 않았다. 상류층, 중산층, 하층 계급의 자녀를 위한 구분이 되어 있었다.

멕시코 교육의 형태는 학교의 권리를 보장하고 법과 교육 시스템을 창안하여 많은 아이들에게 생산적인 사람이 되기 위한 교육을 할 수 있도록 지원하고 있다. 그러나 멕시코 교육의 현주소는 엄청난 위기를 맞고 있다. 날마다 계속되고 있는 교사 파업으로 가장 큰 희생자는 한창 배워야 할 아이들이다. 특히 남쪽 지방의 교사 파업으로 아이들은 몇 달 동안 휴교를 한 상태에서 초등학교 졸업장만 겨우 받는다. 어떤 아이들은 우리 학교에 오기 위해 시험을 치르고 통과가 되었지만 초등학교 졸업장이 없어 들어오지 못하는 아이들도 있다. 현직에 있는 빅톨 뻬냐(Victor Peña) 대통령이 시작한 교육개혁을 통해 수많은 교사들이 반기를 들고 거리로 나섰다. 교육개혁 이전의 교사들은 은퇴를 하기 전에 자신의 교사권을 아무런 성과도 자격도 없는 가족 중 누구에게 양보를 하거나 권리를 불법 판매할 수 있었다. 교사로서의 자질을 갖추지 않아도 가족 중의 누군가에게 교사자격증이 세습되고 있었다. 그러다 보니 당연히 아이들이 질 좋은 교육을 받는 것이 하늘의 별따기다.

현직 대통령이 당선되면서 교사평가제를 도입하고 제대로 된 교사자격증을 요구하면서부터 문제가 불거지기 시작했다. 수많은 현지 교사들은 멕시코 연방 관리가 전제 조건 없이 자신들과 협상을 해주기까지 파업을 계속할 것을 선포했으며 새로운 국가교사평가과정에서 임금 인상과 변화에 대한 그들의 요구를 들어줄 것을 엄숙하게 선언했다. 고래싸움에 아이들 등이 터지고 있는 현실이다.

멕시코 소년의 집 운영에서 가장 힘든 부분이 있다면 교사들과의 문제다. 한국 사람의 인식 속에 교사는 모범적이고 매우 반듯하고, 그림자조차 밟을 수 없었던 존재가 아니었나. 우리 학교에 있는 70여 명의 교사를 관리하고, 그들을 통해 아이들을 성장시켜야 하는 소임을 받은 나는 교사들이 보여주는 정말 이해할 수 없는 여러 가지 상황들로 날마다 속앓이를 해야 한다. 비가 오면 출근하지 않고, 태풍이 불면 출근하지 않고, 저녁에 타꼬를 사먹고 배 아프다고 출근하지 않고. 이유도 많았다. 거의 하루도 거르지 않고 한두 명씩 결근을 하는 교사들의 모습에서 책임감의 부재를 느꼈고 자신의 일에 대한 소신과 전문성을 찾아보는 것이 정말 어렵고 힘들었다.

그래도 아이들을 위해 교사들에게 힘을 주고 한 달에 한 번 있는 교사교육을 통해 그들의 현주소를 알게 했다. 특히 소년의 집 교사로서의 자부심을 갖게 했고 우리가 하는 영혼 구원의 동반자임을 인식하게 했다. 소년의 집 고등학교는 중학교보다 몇 년 늦게 문을 열었다. 과달라하라 소임을 받아 다시 갔을 때 고등학교는 두 개 학과를 운영하고 있었다. 자동차정비과와 병원의료기과이다. 중학교 졸업 후 고등학교에 진학하기를 원하는 아이를 다 수용할 수 없어서 처음에는 소수의 학생들만 받아 주었다고 했다. 몇 년이 지나고 중학교 졸업하는 아이 중에서 본인의 집에서 공부하기를 원하는 아이를 제외하고 모든 아이들에게 고등학교 문을 열기로 했다. 아이들 숫자가 많아져 학과목을 늘려야 했다.

문제는 일반 사립학교에서 학과목을 늘리는 것은 그 학교의 수입이 늘어남을 의미하기에 문교부에서 쉽게 허락해 주지도 않고 너무 많은 서류를 요구한다는 것이다. 멕시코의 부자들은 아이들을 사립학교에 보내는데 등록금이 엄청 비싸다. 문교부는 우리 학교가 가난한 아이들을 위한 학교임에도 불구하고 보통 사립학교에서 내는 돈과 서류를 요구했다. 서류를 들고 교장선생님과 문교부를 집 오가듯이 방문했다. 아이들을 위해 여섯 개의 과를 준비하기로 결정하고 허락을 받았다.

자동차정비과, 은인들의 후원을 받아 새로 지은 자동차도색도공과, 컴퓨터정보과, 요리과, 회계과, 보석세공과로 학과가 늘어났다. 각 학과마다 전문적인 선생님이 필요했고 실습을 하기 위해 들어가는 재료비도 만만하지 않다. 하늘은 스스로 돕는 자를 돕는다고 했다. 그 해 마침 멕시코의 두 번째 재벌로 알려진 알베르또 바제레스(Alberto Valleres) 그룹에서 사람들이 다녀갔다. 그들은 자신들의 수입을 사회에 환원하는 방법으로 여러 가지 봉사활동을 하고 있는데 인디언들 농사지원과 환경문제 그리고 학생들 미래를 위해 투자하는 장학금지원이 있었다. 처음 그들이 학교를 방문하던 날 그들의 태도는 목에 기브스를 한 사람처럼 뻣뻣했고 우리를 잘 못 믿겠다는 눈초리와 모든 것을 의심하는 태도를 보여 마음이 몹시 상했다. 잘 아는 후원자를 통해 나중에 들은 말은 지원해주었던 곳에서 자주 불미스런 일이 있었다고 한다. 우리 학교 방문을 마치고 그들은 우리가 원하는 프로젝트와 계획서를 넣어 달라고 했다. 그들은 아주 구체적이고 명확하게 수녀님들이 신입생을 모집하는 지방 여행에 동행하고 졸업생들을 만나 개인 인터뷰도 하면서 우리가 하는 일이 거짓이 아니라는 것을 알게 되었다. 이런 여러 가지 사항을 직접 확인하는 기간이 거의 일 년이 되어 끝이 났다.

두 번째 그들이 우리 집을 방문했을 때 그들의 태도는 정말 많이 변해 있었다. 얼굴에 화색이 돌고 친절하고 부드러웠다. 그리고 우리가 올렸던 프로젝트 승인을 해줄 터이니 잠시만 기다려 달라고 했다. 고등학교에 새로운 신설과를 열고 많은 경비가 지출되던 그 해 알베르또 바제레스에서 약 8천만 페소 정도의 후원금을 지원해 주었다. 일 년 동안 아이들을 열심히 공부시키고 그 결과물과 지원금내역서를 보고하면서 이번에는 약 3억 5천만 원짜리 프로젝트를 함께 올렸다. 아이들의 졸업식에 참석한 그들은 아이들의 모습을 직접 눈으로 확인하였고, 아이들과 함께 멕시코시티를 방문했을 때 친구가 된 알베르또 재단의 총책임자 까르멜씨의 도움으로 무사히 우리의 프로젝트가 승인을 받았고 지원금도 받게 되었다.

남의 도움을 받는 것은 쉬운 것이 아니다. 그것을 잘 사용하는 것 또한 쉬운 것이 아니다. 세상에는 쉬운 것이 하나도 없다. 그래서 가장 잘 사는 방법은 '지금 여기'를 사는 것이다. 지금 이 순간만이 존재하니까, 지금 여기에서 행복하고 최선을 다한다면 영원히 오지 않는 내일이 그토록 그리워하는 오늘, 내 삶은 꿈을 실은 바퀴가 되어 힘차게 달릴 수 있기 때문이다.

시인의 달

제가 선교사 직분으로 살았던 과달라하라는 날씨가 청명했습니다. 덥지도 춥지도 않고 건기와 우기가 나누어져 건기가 되면 조금 불편하고 햇볕이 강했지요.

지금은 우기로 아름다운 가을을 준비하는 그곳은 그리움입니다. 오늘이 1년 되는 날입니다, 그곳에서 떠나온 지. 모든 것에 의미를 붙여놓고 피할 수 없으면 즐기면서 살려는 노력은 저의 신념으로 굳어가고 있는 중이기도 합니다.

과달라하라를 떠나오던 날 밤새도록 호수를 서성거렸습니다. 아이들도 수녀님들도 모두 잠든 건물을 바라보면서 호수 집에서 혼자 밤을 새우면서 여기저기 돌아다니다 새벽을 맞았습니다.

달이 밝은 날 호수는 말로 표현할 수 없을 만큼 아름다웠습니다. 호수에 달이 잠기면 잠자러 내려오는 수녀님들을 모두 데리고 나와서 함께 달을 보곤 하였지요.

그 젊은 수녀님들은 나의 순수했던 나눔을 이해나 했을까요. 혼자 보기 아까워 잠을 조금 줄이고라도 함께하고 싶었던 과달라하라 호수, 그 속에 풍덩 빠진 달. 하늘의 달과 호수의 달, 두 개의 달놀이 하는 밤 이야기를. 달이 뜨는 날이면 내 생각 해줄까요. 참 별난 수녀님이라고 생각했을 것 같기도 합니다.

그곳에 남겨두고 온 우리 한국 동기 수녀님 한 분은 달만 뜨면 버릇처럼 호수로 나간다고 연락이 오곤 합니다. 저를 만날 수 있는 가장 좋은 장소라고 하면서요.

호수 가운데 과달루페 성모님을 모셨답니다. 작년과 재작년 5월 성모의 밤 행사를 호수에서 하였지요. 아이들에게 꽃 대신 풍선을 들게 하고 성모송이 끝날 때마다 풍선 하나씩을 호수에 띄웠습니다. 개구쟁이 소년들이 즐거워하는 모습은 동화 한 편을 읽는 듯했습니다.

호수는 아주 깊고 조금 과장하면 물 반에 고기가 반입니다. 아이들의 행복한 놀이터이며 낚시터이기도 하지요. 토요일과 일요일에는 아이들이 호수에 쭉 둘러서서 낚시를 합니다. 장비는 엉망이어도 워낙 고기가 많아 너나없이 고기를 잘도 낚았습니다.

가끔씩 아이들을 카누에 태우고 놀이도 하면서 아름다운 시절을 보냈던 호수는 많은 사람에게 쉼과 한가로움을 갖게 해 주었고 시인의 달도 보게 해주던 곳입니다.